図解でわかる！

エアコン1台で心地よい家をつくる方法

現行省エネ基準対応版

監修
岡田八十彦

X-Knowledge

（目次）

3章 エアコン暖房の弱点をカバーする方法

4章 エアコン冷房を使いこなす方法

5章 換気ができている家と、できていない家

6章 エアコンで夏も冬も心地よい家

巻末付録

1章

冷暖房しているのに心地よくないのは、なぜ？

心地よい環境をつくるのは結構難しい

人は熱をどう感じているのでしょうか？　心地よい家づくりは、これを知ることからスタートします

心地よい室内環境とは「寒くもなく、暑くもない状態」です。こうした環境をつくるのは意外と難しい。その理由の1つに、外気温の影響があります。心地よい室内環境をつくるためには、特に夏と冬の外気温の影響を減らすことが不可欠です。そこで、鍵になるのが断熱です。熱は、温度の高いほうから低いほうへ移動しますが、この移動を抑えることを断熱といいます。

熱の伝わり方には、①伝導、②対流、③放射（輻射）があります。①伝導は、物質を媒体として熱が流れる現象です。フライパンを火にかけたとき、取っ手には直接火が当たっていないのに取っ手が熱くなる、これが熱伝導です。②対流は、熱を蓄えた気体や液体が移動し、熱を他の物質に伝える現象です。エアコンの冷暖房がその一例です。③放射は、たき火にあたると暖かく感じるように、熱源から離れていても熱が伝わる現象です。これは電磁波の作用によるもので、伝導する物質や対流する気体がない真空中でも熱が伝わります。日なたがぽかぽか暖かいのは、太陽の熱が放射によって体に伝わっているからです。

これらの熱が組み合わさって、1つの温熱環境をつくっています。

熱の移動を抑える方法

放射

電磁波の作用で、熱源から
離れていても熱が伝わる現象

ex) 太陽からの日射

冬
ぽかぽか

電磁波(赤外線など)を
反射する素材を使う

涼しい〜

春や秋はよくても
夏や冬に過ごし
にくい家は
いやだよね
ぶる
ぶる

伝導

物質を媒体として熱が流れる現象

ex) 熱したフライパン

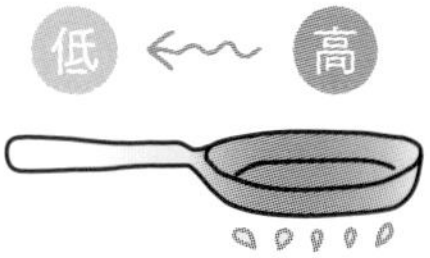
低
高

熱を伝えにくい素材を使う

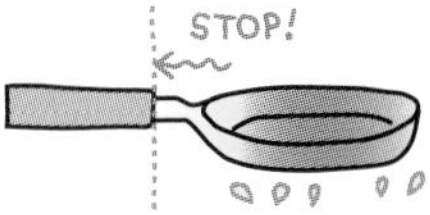
STOP!

対流

熱を蓄えた気体や液体が移動し、
熱をほかの物質に伝わる現象

ex) エアコンの風

壁やドアで仕切ると空気が流れない

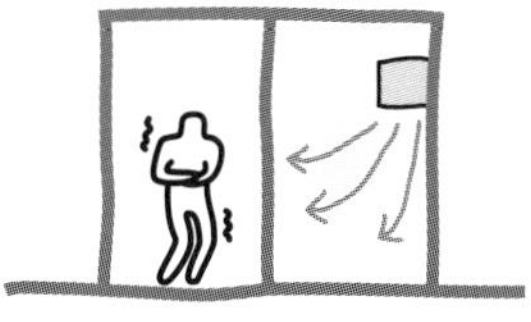

快適な環境は人によってかなり違う

体感温度には個人差があり、室温だけでなく壁の表面温度も大きく影響します

人の感覚である快適さを評価するパラメーターには、周囲環境（住宅や冷暖房など）によって決まる「空気温度（室温）」「湿度」「放射（輻射熱）」「気流」と、自分で調節できる「着衣量」「活動量」があります。これらがうまく組み合わさることで、人は快適さを感じます。ただし、この状態を「気温何℃、湿度何％」というように特定の数字で表すことは難しいといわれています。人が快適だと感じる環境には、個人差があるからです。

快適性を評価する指標の1つとして、「体感温度」（作用温度）というものがあります。これは、室温が同じでも壁の表面温度が違うと体感温度が変わることに着目した指標です。この体感温度が適切な値だと、人は快適だと感じます。ちなみに、壁から人に伝わる熱は前頁で述べた放射熱にあたります。体感温度は左頁の式で簡単に計算できるので、覚えておくと便利です。

ただし、この式が成り立つ条件は、気流が0.2ｍ／s以下のときです。住宅の室内であれば基本的には当てはまりますが、人体の発熱は無視されるので、発汗などの気化熱による冷却効果は加味されません。そのため、暖房時の体感温度を評価するときに使われることが多いです。

断熱レベルによる体感温度の違い

体感温度を計算しよう

$$\frac{\text{周囲の壁平均温度} + \text{室温}}{2} \fallingdotseq \text{体感温度}$$

断熱性能の低い家

（壁の熱貫流率※ 4.30W/㎡K）

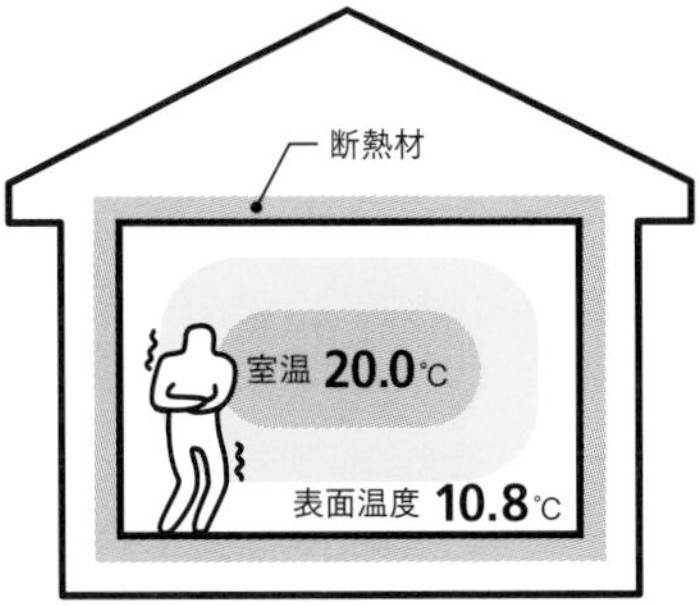

体感温度 **15.4**℃

室温20.0℃に対して、体感温度15.4℃のため寒さを感じる

断熱性能の高い家

（壁の熱貫流率※ 0.50W/㎡K）

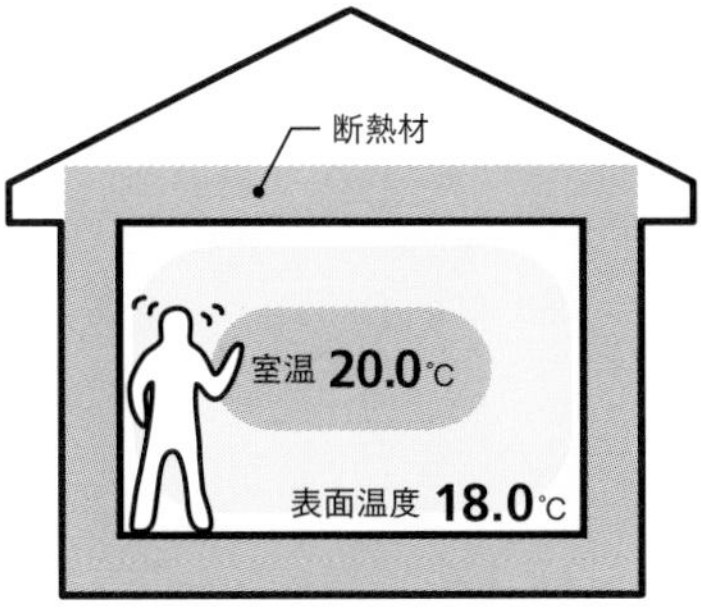

体感温度 **19.0**℃

室温20.0℃に対して、体感温度19.0℃のため寒さを感じない

体感温度は、床や壁の表面温度が影響する

（体感温度における冬の推奨温度は、18～22℃）

豆知識

同じ環境にいても、着衣によって体感温度は大きく異なります。たとえば、椅子に座ったときに膝掛けをすることで、体感温度は2.5℃も高くなります。また、スカートとズボンでは体感温度に2.9℃の差がでます。

※熱貫流率は熱の伝えやすさを表す。数値が小さいほど断熱性能が高くなる

快適さは体から出る熱の量で決まる

産熱と放熱の釣り合いがとれていると人は快適だと感じます

６頁でも説明したように、人は「寒くもなく暑くもない状態」のとき、快適だと感じます。「寒くもなく、暑くもない状態」とは、体内で生み出される熱（産熱）と体からでていく熱（放熱）の釣り合いがとれている状態です。室温や表面温度による輻射熱などの周囲環境（８頁）は、この放熱に大きな影響を与えるため、快適な室内環境を実現しようとするうえで重要な要素となります。

夏場、室内の温度と、壁や天井、床の表面温度が高いと、体から放射される熱の量は少なくなるため人は暑さを感じます。このとき、冷房によって部屋の空気を冷やすことで、その冷たくなった空気が壁や床、天井の表面温度を下げ、体からの放熱（量）と産熱（量）が釣り合うので、人は快適だと感じるのです。ただし、断熱性能が低い家は外気温の影響を受けやすく、なかなか室内が冷えないため、快適な状態をつくりにくくなります。

このように、人の体という観点から見ても、表面温度は大切であることが分かります。国際規格のＩＳＯ７７３０では快適な環境が大まかに規定されており、床の表面温度は26℃以下（床暖房では29℃以下）、窓と壁の温度差は10℃以下に保つことが推奨されています。

人が快適と感じる状態

季節ごとの気温と放熱の関係

（　冬　）　（　春・秋　）　（　夏　）

冬	春・秋	夏
産熱＜放熱	**産熱≒放熱**	**産熱＞放熱**
表面温度が低く、体外への熱放出が多いため寒さを感じる	表面温度が高くも低くもなく、体外への熱放出が適度に抑えられているため快適だと感じる	表面温度が高く、体外への熱放出が少ないため暑さを感じる

春や秋の気候に近い環境だと、人は快適と感じる

豆知識

最低気温10℃以上かつ最高気温25℃以下の快適といわれる春と秋の期間は、年間を通して２～３か月にも満たないです。窓を開けて通風ができる日数は、虫や埃、花粉、音、防犯などを考えるとより少なくなります。だからこそ、家の性能を上げて快適な室内環境を実現したいものです。

風が弱ければエアコンは快適な冷暖房

断熱性能が高い住宅で連続運転すればエアコンの気流感は少なく快適です

ゴォ
も～
この風
なんとかして！
止めると
暑いし
つければ
寒いし…

「エアコンが不快だ」という人の多くは、エアコンの風の気持ち悪さをその理由に上げます。これは、エアコンの仕組みに原因があります。エアコンは空気で熱を運ぶために多くの風量が必要となります。また、一般的にエアコンは部屋の上部に取り付けられます。暖かい空気は軽く、床面まで暖かい空気を届けるために風量が多くなってしまうのです。そして、上部から多くの風量を吹き出すと体に風が当たり、不快に感じます。

　冷房の場合も、部屋全体に冷気を行き渡らせる必要があるので、やはり大きな風量が必要です。冷たい風が直接当たることは、暖房よりも嫌われます。

　このように、エアコンの不快感はその仕組みに由来するので、解決は難しそうです。しかし、エアコンの使い方で不快感をやわらげることは可能です。それは、弱運転や止まっている時間が長くなるような使い方です。ただし、高断熱で保温性が高い家であることが条件です。

　もう1つは連続運転をすることが条件です。いったん暖まった部屋が冷えないように熱を与え続ける連続運転であれば、弱運転が中心となり、気流感は最小限で済みます。取り付け方でも工夫できます（左頁）。

快適と感じる空気の流れ

夏の冷房

冷たい空気は重たいため、上から下に流れるように風向きを調整する。天井や壁の上部に取り付けると効率がよい。一方、低い位置の場合は上向きに勢いよく風を吹き上げる必要がある

天井付け

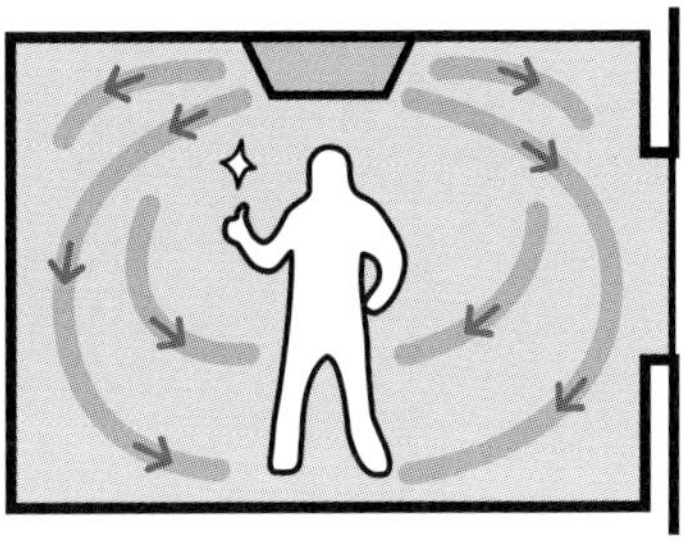

壁掛け

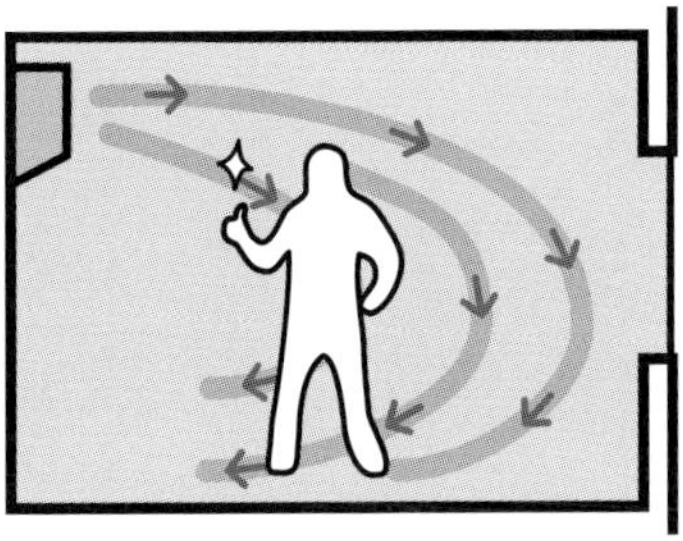

床置き

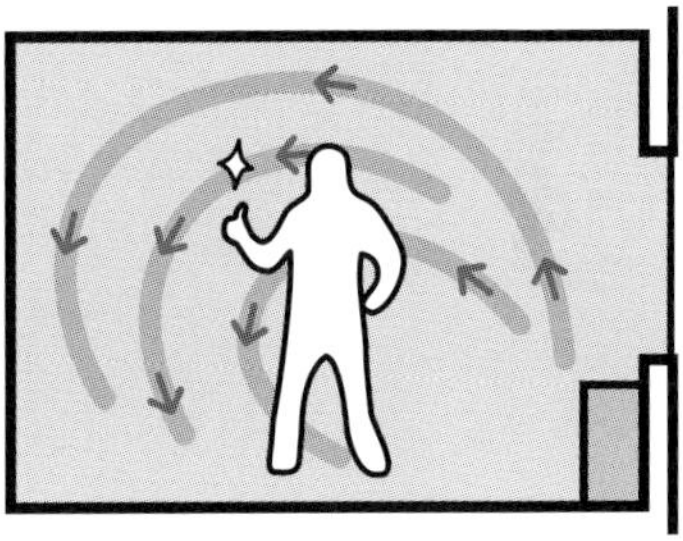

冬の暖房

暖かい空気は軽いため、下から上に流れるように風向きを調整する。床面や壁の下部に取り付けると効率がよい。一方、高い位置の場合は下向きに勢いよく風を吹き上げる必要がある

天井付け

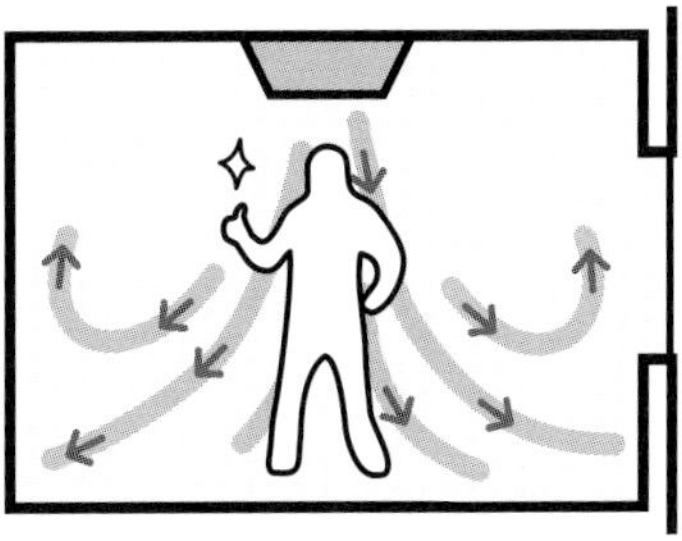

壁掛け

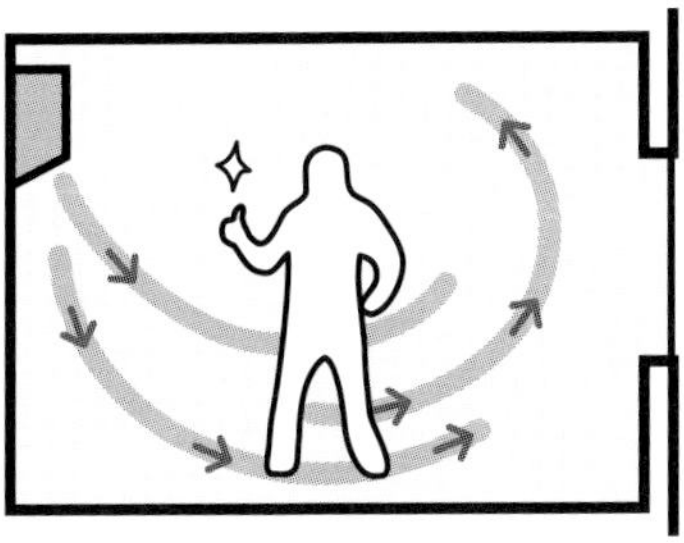

床置き

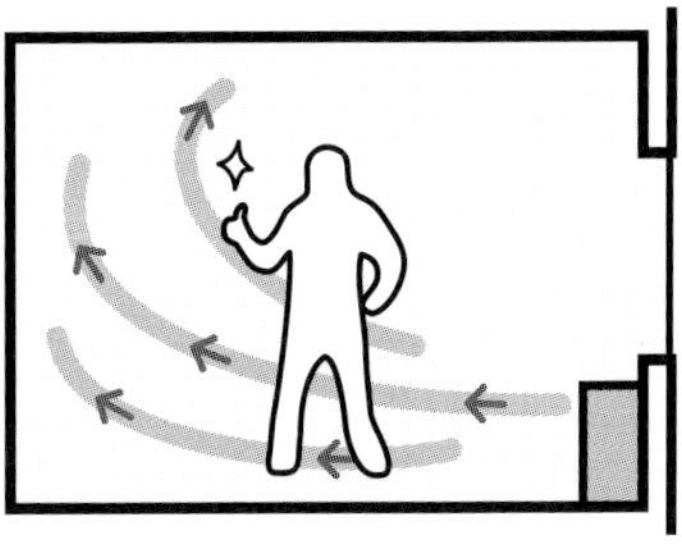

温度のムラがあると不快になる

足元と頭の温度差が3℃を超えると不快に感じますが、高断熱・気密化で防げます

「寒くもなく、暑くもない状態」でも、不快に感じることがあります。その原因の1つが「温度ムラ」です。一般的に、室内の上下で温度差が発生し、足元の温度が頭の高さの温度差が3℃以上になると、不快に感じるといわれています。エアコンを使う際にも、室内の上下の温度ムラには注意が必要です。

エアコンによる温度ムラは冷房時よりも暖房時のほうが起こりやすくなります。冷房をすると、部屋の上部にあるエアコンから冷たい空気が吹き出されます。冷たい空気は重く下に向かう性質があるので、低い位置にも冷たい空気が行き渡ります。一方で暖房の場合、暖かい空気は軽く上に向かう性質があるため、足元のような低い位置に空気が行き渡りにくく、温度ムラが生じやすくなります。

平成28年省エネルギー性能相当の断熱性能（U_A値0.87W／㎡K）でも、床と天井付近に3℃以上の温度差が生じてしまいます。断熱性能が低いほどさらにこの温度差は大きくなります。

また、隙間風の出入りで失う熱も温度ムラに大きく影響するため、気密性能を上げて、家の隙間をなくすことも大切です。温度ムラの対策は、断熱と気密の両面から考えていく必要があります。

高断熱・高気密で快適な環境に近づける

断熱・気密性能で変わる家の温度差

天井付近と床高1.2m付近の
温度差は4℃、
天井付近と床面の
温度差は10℃で不快

断熱性能が低い家の場合、部屋の上下やエアコンとの距離の遠さで大きな温度差が発生する

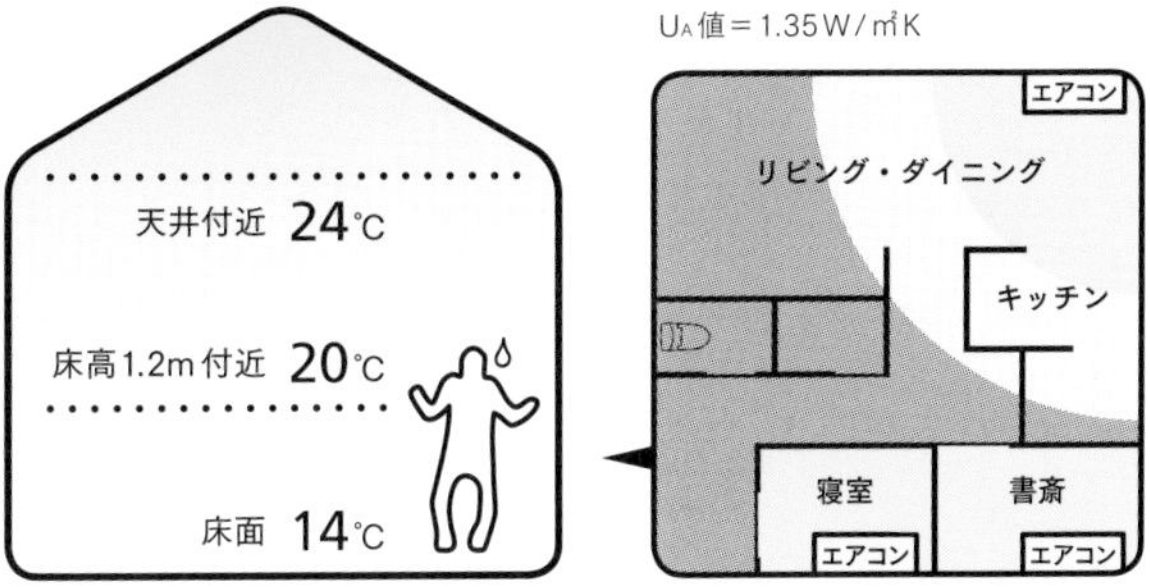

しっかりと断熱・気密すると…

天井付近と床高1.2m付近の
温度差は1℃、
天井付近と床面の
温度差は3℃で快適

断熱性能が高い家の場合、部屋の上下やエアコンとの距離が遠くても大きな温度差が生じない

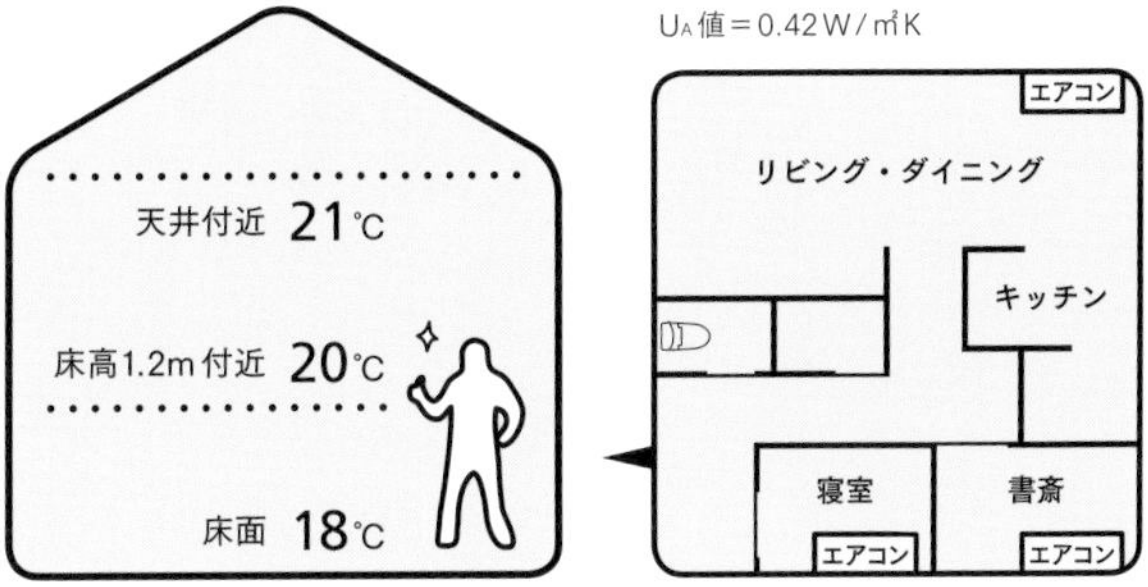

断熱・気密で温度ムラはかなり防げる

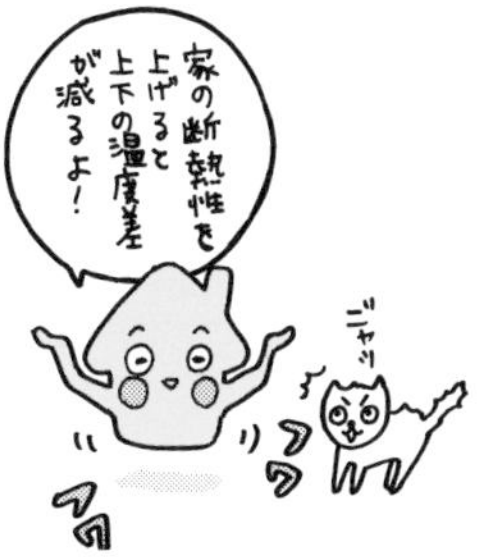

豆知識

U_A値（外皮平均熱貫流率）とは、住宅内部の床や外壁、屋根（天井）や窓などから外部へ逃げる熱量を外皮全体で割った値です。値が小さいほど熱が逃げにくく、断熱性能が高い家といえます。単位はW/㎡K

夏を旨としてもエアコンなしでは難しい

日本の場合、夏は亜熱帯で冬は寒冷な気候となるので冷暖房の両方を考えます

日本の気候は独特です。多くの地域が、夏にはエアコンなしでは快適に暮らせない亜熱帯の気候となり、冬にはヨーロッパのような寒冷な気候となります。この両方に対応できるエアコンが、日本で普及するのは理にかなっているといえます。ただし、エアコンだけで夏と冬の気候に対応し、快適な室内環境をつくるためには少し工夫が必要です。

「日本の家は夏をもって旨とすべし」という吉田兼好の言葉が示すように、かつての日本の家は日除けや通風により夏をしのいできました。そのため、今でもエアコンなしで夏を乗り切れると考える人が少なくありません。しかし、通風が機能するのは、周辺の緑が豊富で、隣の家との距離があり、防犯や排気ガスなどの心配がない場所に限られます。住宅密集地では、隣家で風が遮られることや、窓を開け放せない場合もあります。

また、自然の風の強さや向きはコントロールできません。そして、通風によって体感温度は下げられますが、室温が外気温以下になることはなく、湿度も下がりません。自然通風を意識した設計も必要ですが、盛夏にはエアコンに頼らざるを得ないのが実状なので、エアコンを有効に使う工夫が求められます。

周辺環境による通風の違い

通風を活用しやすい条件

通風を活用しやすい敷地

涼しい風

◎ **隣家との距離がある**

プライバシーが気にならず、
窓を開けて通風をしやすい

◎ **土や緑の面積が多い**

昼間の熱を蓄えないため、
夜に放熱がなく涼しい

通風を活用しづらい敷地

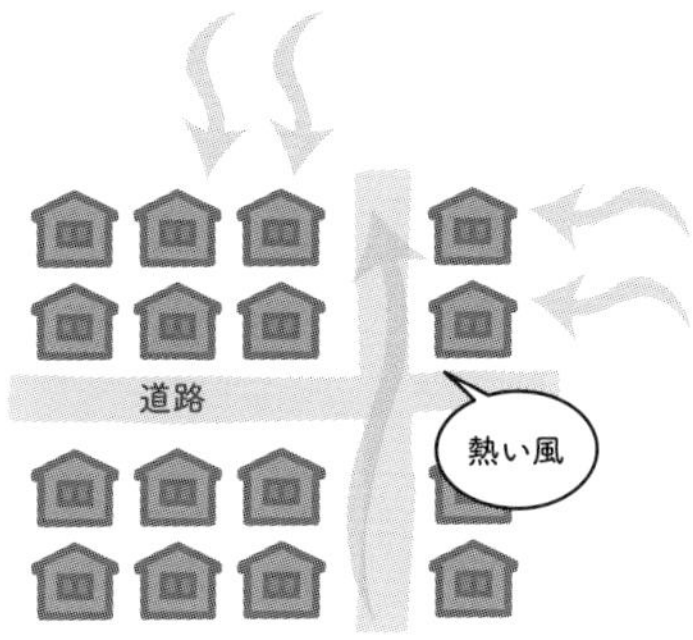
道路
熱い風

× **隣家との距離がない**

プライバシーが気になり、
窓を開けづらい

× **アスファルトの道路やコンクリートの建物が多い**

昼間の熱を蓄えて夜に放熱するため、
暑くなる

× **近隣に大きな建物が建つ可能性がある**

通風条件が変わる可能性がある

プライバシーや
防犯面からも
開け放って
生活するのは
難しいですね

豆知識

環境省の発表によると、このまま有効な対策をとらずに地球温暖化が進行すると、2000年頃から平均気温が最大4.8℃上昇し、2100年の東京の夏の最高気温は44℃と予測されています。(※) 暑さ対策だけでなく、一人ひとりが省エネに意識を向けることも大切です。

※環境省「COOL CHOICE」内、「2100年未来の天気予報」

ちょうどよい湿度を保つことも大切

蒸し暑い夏と乾燥気味の冬の両方を心地よく過ごすためには、温度だけでなく湿度の調節も大切です

　人が感じる快適さには、湿度も影響することは8頁で触れました。ここでは室温と湿度の関係をみてみましょう。湿度の表現には、絶対湿度と相対湿度の2種類があります。絶対湿度（kg／kg）は、空気中に含まれる水蒸気の量を表します。一方、相対湿度（%）は、空気がその温度で含むことができる最大限の水蒸気量に対して、実際に含まれている水蒸気量の割合を表しています。日常生活のなかで私たちが使う「湿度」は、相対湿度のことを指します。

　一般的に快適とされる湿度は40～60%程度です。たとえば、絶対湿度の低い冬の冷たい外気をそのまま暖めると、相対湿度は20～30%まで下がります。これだと湿度が低く、喉の痛みや肌のカサつきなどの不快感を抱きます。そのため、加湿が必要になります。一方、絶対湿度の高い夏の外気を冷やすと、相対湿度は100%近くまで一気に上昇します。そうすると、肌のベタつきなどの不快感があるため、除湿が必要となります。特に30℃を超える高温時には、不快感を覚えやすくなります。このとき、湿度を30%低下させると3℃の気温低下と同じ効果があります。冬も同じで、湿度が上がると室温が同じでも暖かく感じます。

快適な湿度に調整する

温度と湿度と快適さの関係（空気線図）

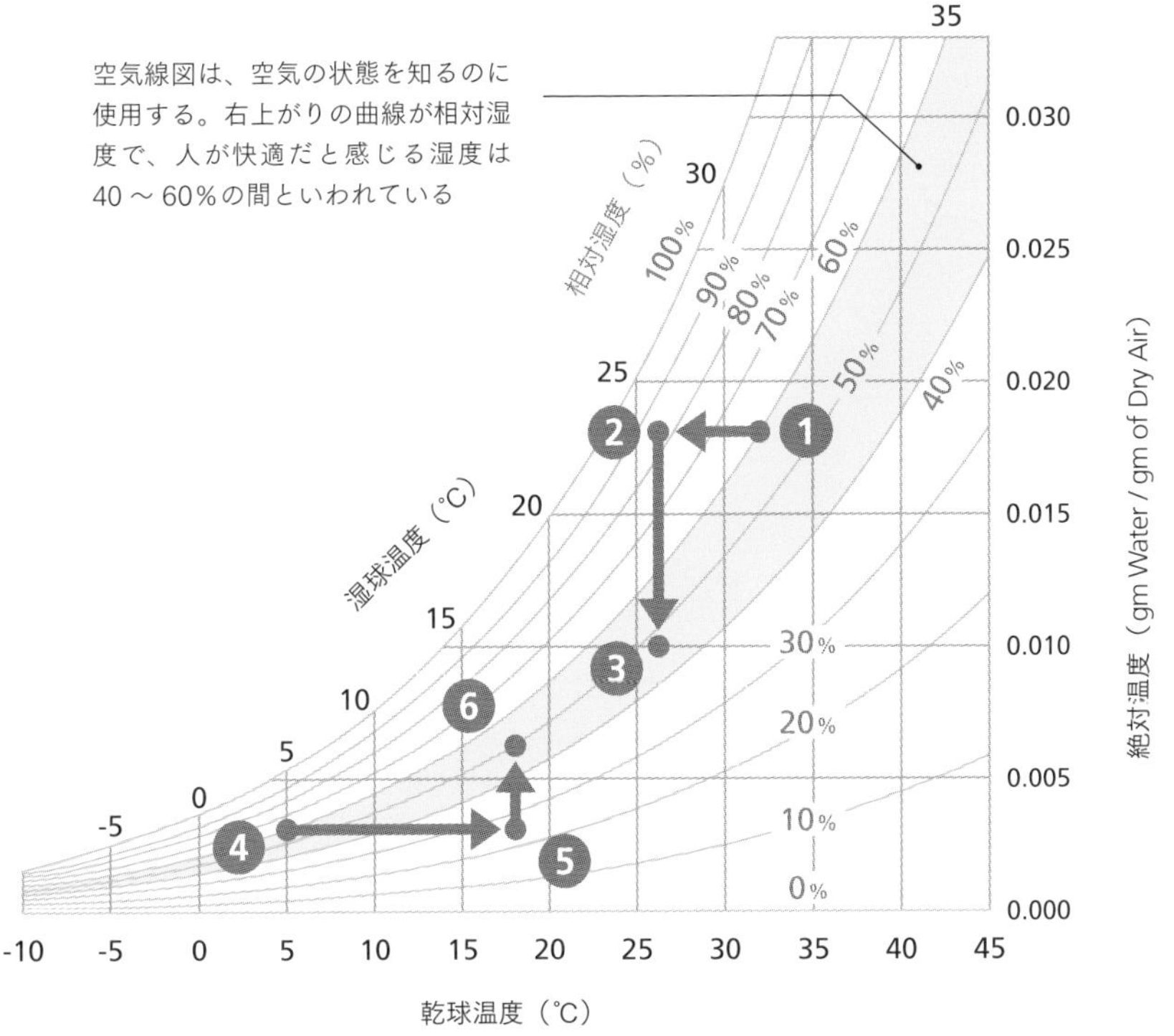

夏季の湿度調整

温度32℃で湿度60％の空気（❶）を、26度まで冷やすと湿度が85％になり（❷）不快と感じる。そこで、除湿を行い、湿度を50～60％に下げる（❸）と快適と感じる

冬季の湿度調整

温度5℃で湿度60％の空気（❹）を、18℃まで暖めると湿度が28％になり（❺）不快と感じる。そこで、加湿を行い、湿度を50～60％に上げる（❻）と快適と感じる

豆知識

結露は窓まわりの見えている場所だけでなく、内部結露といって見えない壁の中でも起こる可能性があります。内部結露を放置していると、外壁に使われている構造用合板などが腐りやすくなり家自体の耐久性能や耐震性能が低くなります。

ある冬の日・実家
うーん 染みるなぁ
徒然草
家のつくりは 夏をもって 旨とすべし…か
……

そんな格好して 言っても 説得力ないわよ
スポッ
もっ もっ…
だって 寒いんだもん!!
昔の家は 夏向きなのではなく 防寒技術がなかっただけ 寒さ対策をした上で 夏に備えよう!
カゼ ひかないようにね!

2章 夏涼しくて、冬暖かい家は、どうつくる？

エアコンを生かす断熱・気密

エアコンを効率よく運転させるために、内と外の境界を考えよう

前章で触れたように、快適な家をつくるには壁や床、天井の表面を適切な温度に保つことが大切です。まずは、熱移動を遮る断熱性能から考えていきましょう。断熱性能を上げると、冬は室内の熱が逃げにくくなり、部屋が暖まりやすくなります。断熱性能が低い家と比べると、設定温度や風量を下げられるので、エアコンのエネルギー効率もよくなります。

断熱性能を向上させるうえで注意すべき場所は窓です。日本の窓の多くは、ガラスとアルミサッシでできています。そのため、壁や屋根と比べると材質的に断熱性能が低く熱を通しやすいため、窓からたくさんの熱が逃げてしまいます。それを防ぐためには、ガラスを2枚組み合わせた複層ガラスや、熱を通しづらい樹脂製のサッシを選ぶなど、断熱性能を高める工夫が必要です。窓を変えると、部屋全体の断熱性能はぐんと上がります。

しかし、いくら断熱性能を上げても冷たい隙間風が入ってきてしまっては意味がありません。隙間風による熱の出入りをなくすために、気密性能についても同時に考えていきましょう。「壁・床・天井の断熱性能」「窓の断熱性能」「気密性能」、この3つを組み合わせることで快適な環境はつくれるのです。

性能による熱の出入りの違い

断熱性能による違い

断熱性能が低い家

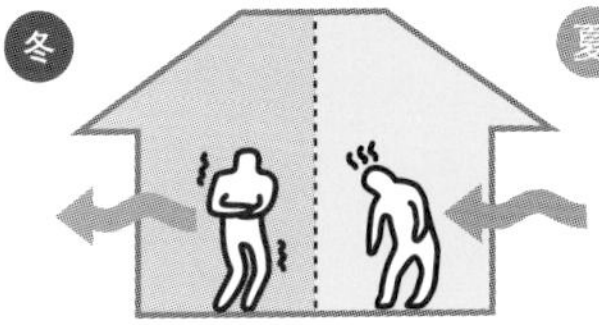

断熱性能が低いと、冬は熱が逃げて寒く、夏は熱が入り暑い家になる

断熱性能が高い家

断熱性能が高いと、冬は熱が逃げにくく、夏は熱が入りにくい家になる

窓性能による違い

窓性能が低い家

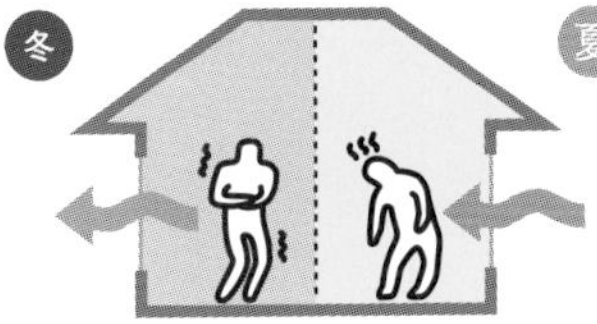

窓の性能が低いと、冬は窓から熱が逃げて寒く、夏は熱が入り暑い家になる

窓性能が高い家

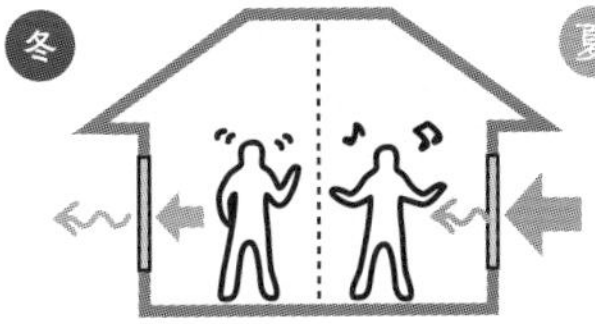

窓の性能が高いと、冬は窓から熱が逃げにくく、夏は熱が入りにくい家になる

気密性能による違い

気密性能が低い家

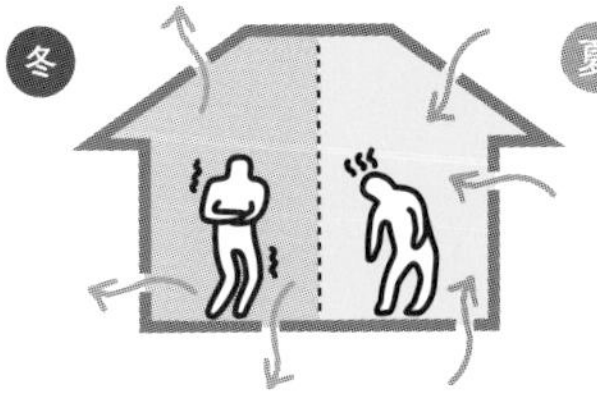

気密性能が低いと、隙間風により冬は熱が逃げて寒く、夏は熱が入り暑い家になる

気密性能が高い家

気密性能が高いと、冬も夏も隙間風の出入りが少ない家になる

冬を旨として夏の対策を取り入れる

快適な温度を逃さないように断熱性能を高めましょう

「日本の家は夏をもって旨とすべし」という「徒然草」の一節があります。前章でも引用した、吉田兼好の言葉です。しかし、日本の四季のなかで一番長いのは冬です。日本の多くの地域では、暖房が必要な期間は4〜5カ月程度です。それに対して冷房が必要な時期は、2〜3カ月程度です。つまり、日本の家は「冬をもって旨とすべし」というのが、実状に合っているといえます。「冬を旨」とした場合、最初に考えるべきことが断熱です。断熱性能を高めることで、外気温の影響を受けにくくなり暖房効率がよくなるので、光熱費も抑えられます。

では、断熱性能を高めることで夏はどうなるのでしょう。冬と同様、断熱性能が上がると冷房効率がよくなり、光熱費は抑えられます。保温性も上がるので、一度冷やした空気の温度を長時間保ってくれます。また、直射日光により屋根や壁の温度が上がっても、断熱材が熱の侵入を防ぐため、室温の上昇を抑えられます。窓から入る熱も、窓の遮熱性能を上げることである程度は防げますが、壁や屋根に比べて窓からの日射熱は室内環境に影響を与えるので、すだれや外付けブラインド、グリーンカーテンなども併せて活用しましょう。

断熱性能が高い家は年中快適

高断熱住宅とエアコンの関係

（　冬　）

天井と壁、床にしっかり断熱材を入れ、断熱性の高い窓を使うことで、暖房で暖められた部屋のなかの暖気が外に逃げない。温効果も効いて室内は、ぽかぽか暖かい

（　夏　）

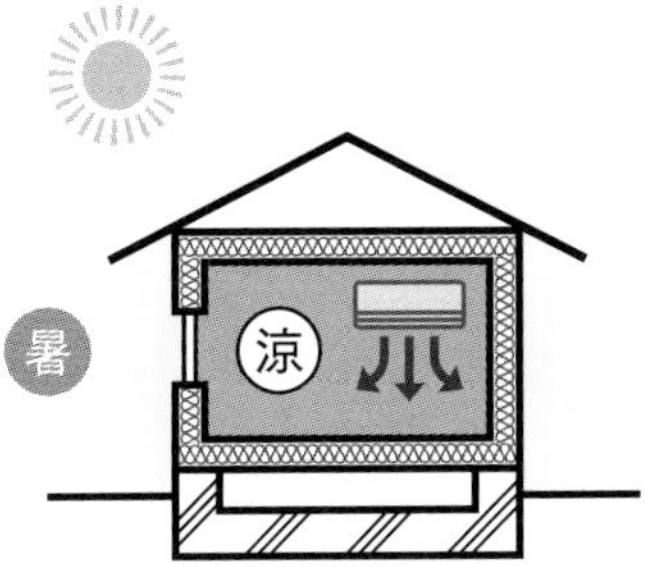

天井と壁、床にしっかり断熱材を入れ、遮熱ガラスの窓を使うことで、外の熱が部屋のなかに入りづらい。冷房が効いて室内は、涼しい

エアコンを止めると…

しっかり断熱されている家は窓から日射熱を取り込めば、暖房を止めても日射熱と生活熱で（照明・家電・人体など）寒くない状態がつくれる

しっかり断熱されている家は、冷たい空気を保冷してくれる。ただし、断熱性能が高いと窓から入る熱も保温してしまうので、日射遮蔽が必要

日本の家は世界の家より暑くて寒い

日本の省エネ基準は世界と比べるととても低い。快適を求めるならＧ２レベルの性能を目指しましょう

断熱性能を上げるとき、何を目標にすればよいのでしょうか。目安の１つとして「平成28年度省エネルギー基準」という国が定めた基準があります。そこでは、住宅に必要な断熱性能がU_A値（１４８頁）で地域別に定められています。しかし、この基準が定められたのは平成11年と古く、理想的な断熱性能としては不足気味です。快適な住環境をつくるためには、時代にあった目安を取り入れることが大切です。

　最初に紹介するのは、ＺＥＨ（ゼロエネルギーハウス）という考え方です。ＺＥＨとは太陽光発電でつくったエネルギー量と、冷暖房・換気・給湯・照明の１次エネルギー消費量がイコールになる家のことです。また、ＺＥＨの断熱性能をより高めたＺＥＨ＋（ゼッチプラス）もあります。最新のものでは、ＨＥＡＴ20（※）が定めたＧ１、Ｇ２、Ｇ３も参考にするとよいでしょう。

　こうした目安は、少しずつ改善されてはいるものの、ヨーロッパや北米、東アジア諸国に比べるとまだまだ遅れをとっているというのが実状です。国の基準をクリアしただけでは、快適な住環境になるわけではないことを念頭においておきましょう。

日本の断熱性能に関する資料

既存住宅における省エネ基準への適合状況

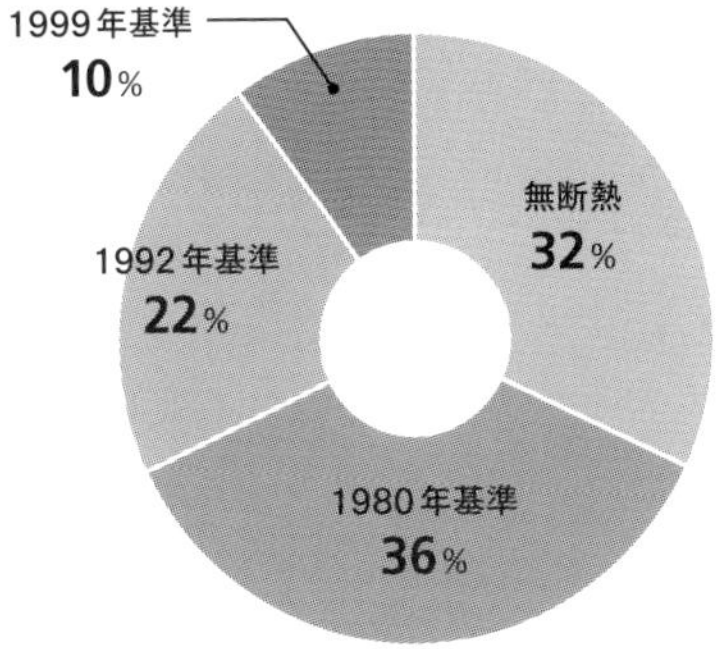
1999年基準
10%
無断熱
32%
1992年基準
22%
1980年基準
36%

1999年に定められた省エネ基準に適合した住宅は10％しかなく、無断熱の住宅は32％に上ることが分かる。ちなみに、2012年の集計では無断熱の住宅は39％であり、少しずつだが住宅の高性能化が進んでいる

出典：
統計・事業者アンケート等より
国交省推計（2017年）

断熱性能の目安となる基準値一覧表

（U_A値：W/㎡K）

各基準	地域区分							
	1	2	3	4	5	6	7	8
HEAT20 G3	0.20	0.20	0.20	0.23	0.23	0.26	0.26	―
HEAT20 G2	0.28	0.28	0.28	0.34	0.34	0.46	0.46	―
HEAT20 G1	0.34	0.34	0.38	0.46	0.48	0.56	0.56	―
ZEH＋	0.30	0.30	0.40	0.40	0.40	0.50	0.50	―
ZEH	0.40	0.40	0.50	0.60	0.60	0.60	0.60	―
平成28年度省エネ基準	0.46	0.46	0.56	0.75	0.87	0.87	0.87	―

出典：2020年を見据えた住宅の高断熱化技術開発委員会「HEAT20 外皮性能グレード」

ZEH＋は、HEAT20が定めるG2レベルと同等の断熱性能である。G2は、各地域における、冬の最低室温を13℃以上に保ち、暖房エネルギーを平成28年省エネ基準の住宅と比べて約30％以上削減できる家の断熱性能の基準値

※HEAT20は、「2020年を見据えた住宅の高断熱化技術開発委員会」の略称であり、呼称である。住宅のさらなる省エネルギー化と住まい手の健康と快適性の向上をはかるため、断熱性能の目指すべき基準値を設けている。メンバーは研究者、住宅・建材生産者団体の有志によって構成されている

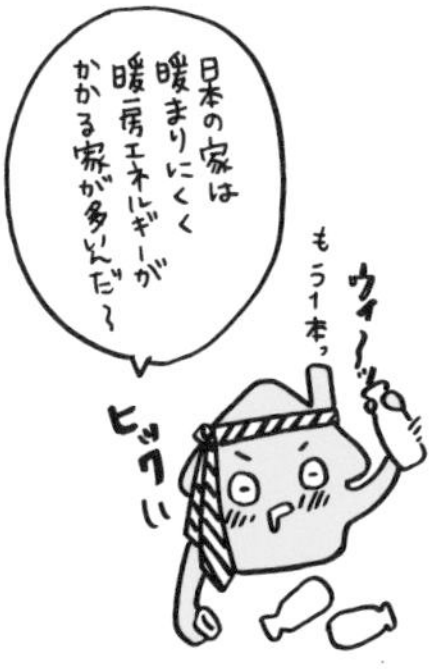
日本の家は暖まりにくく暖房エネルギーがかかる家が多いんだ〜
もう1本っ
ウィ〜〜ッ
ヒック

断熱材を厚くするのは、なかなか大変

断熱性能を上げるための、断熱工法の種類や特徴を理解しましょう

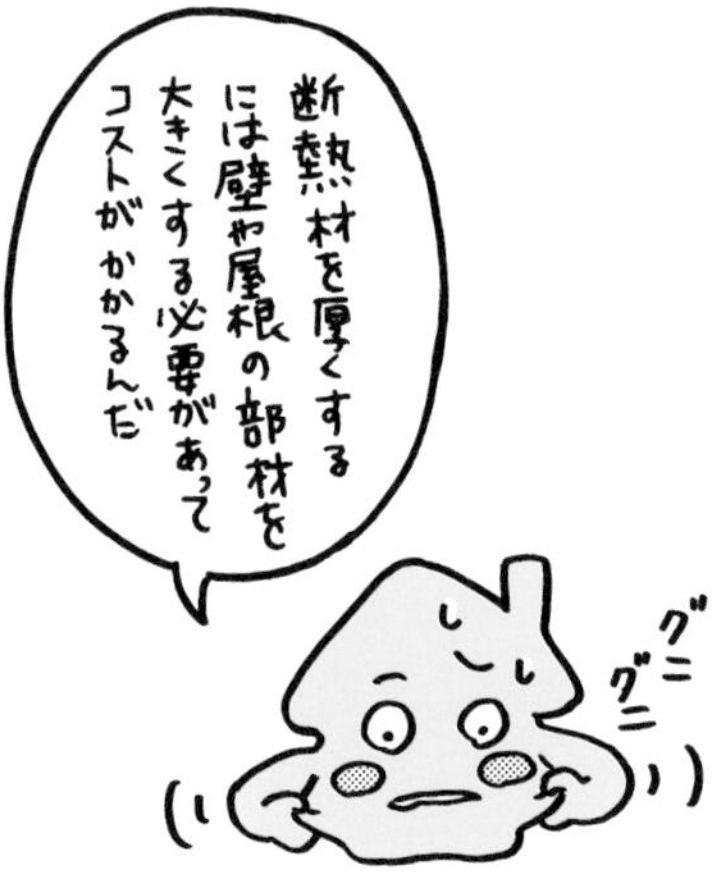
断熱材を厚くする
には壁や屋根の部材を
大きくする必要があって
コストがかかるんだ
グニ
グニ

一口に断熱といっても、その工法はさまざまです。基本的には、所定の性能値さえ得られれば工法は問いませんが、各工法のメリットとデメリットはしっかり理解しておきましょう。

木造住宅の断熱工法を大別すると「充填断熱」「外張り断熱」「付加断熱」の3つになります。「充填断熱」は壁や床などの隙間に断熱材を隙間なく詰め込む工法です。高性能グラスウールを使うことが多く、しっかりと厚みを確保できます。ただし、壁のなかで結露が起こらないように、防湿気密シートで家の内側全面を覆う必要があります。この工事には慣れが必要なので、施工者を選びます。

「外張り断熱」は、構造材の外側に断熱材を張る工法です。ボード状の発泡プラスチック系断熱材がよく使われます。気密性能を高めやすく、断熱材の厚みが同じであれば充填断熱より高性能です。ただし、断熱材が高価になります。

「付加断熱」は、充填断熱をした外側に断熱材を付加する工法です。寒い地域では昔から用いられていましたが、近年では全国的に用いられるようになりました。断熱材を内側と外側に使用するのでコストはアップしますが、その分断熱性能を上げることができます。

断熱工法の違い

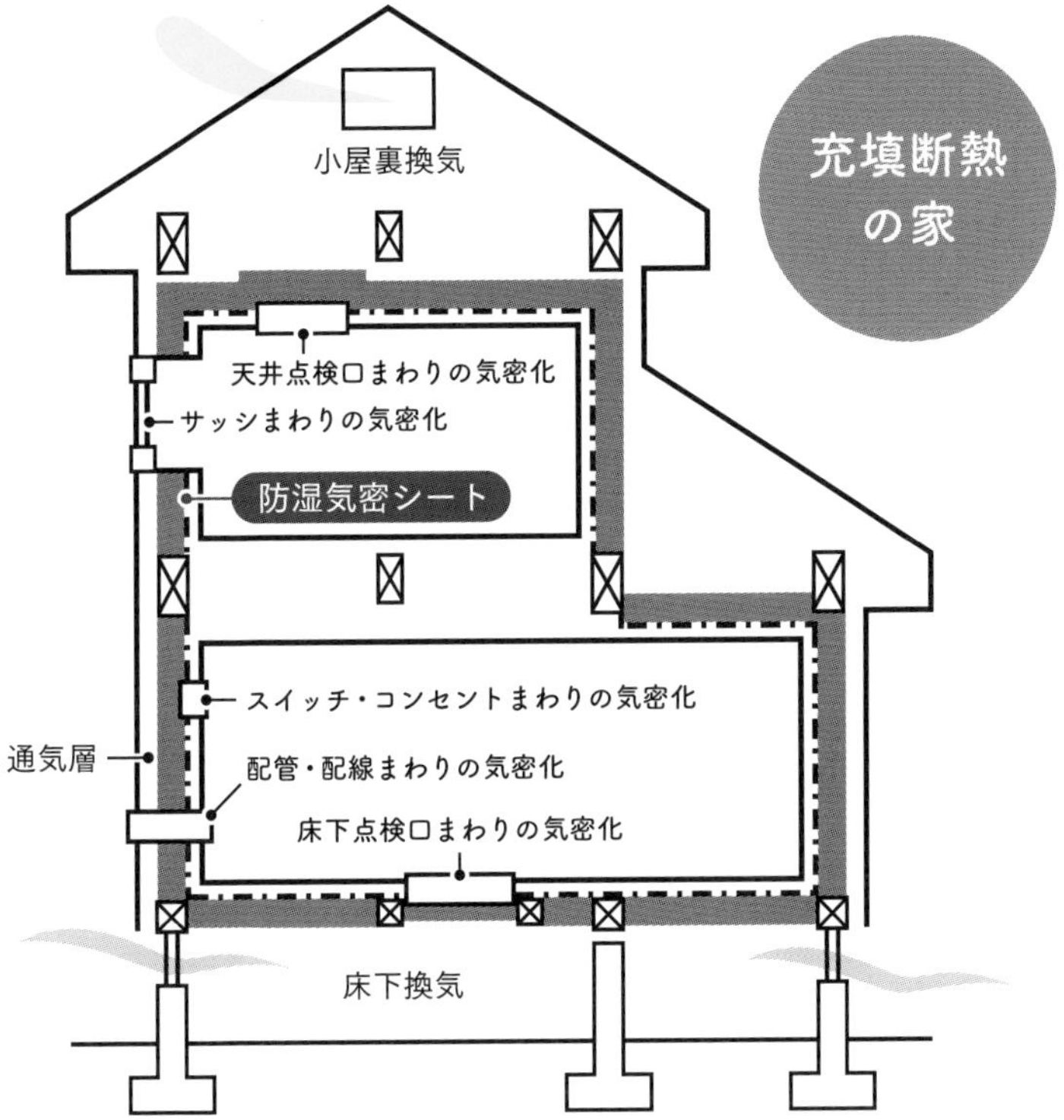

壁断熱(充填断熱)

壁のなかに断熱材を詰め込む工法。主にグラスウールなどの繊維系断熱材を用いる。最も一般的で安価な方法だが、気密工事に慣れが必要

天井断熱

最上階の天井の上に断熱材を敷いたり、吹き込んだりする工法。セルロースファイバーや高性能グラスウールの使用が増えている。安価に断熱材を厚くでき、高性能化できるのが特徴

床断熱

床を支える根太の間に断熱材を入れる工法。主に発泡プラスチック系の断熱材が使用される。基礎断熱より気密性能の確保が難しい

気密

断熱材に室内の空気や湿気が侵入しないように、室内側に防湿気密シートを張る。コンセントやスイッチボックスの周囲に気密テープを貼る。間仕切壁の中で空気が流れないよう壁の上下に気流止めをする

外張り断熱の家

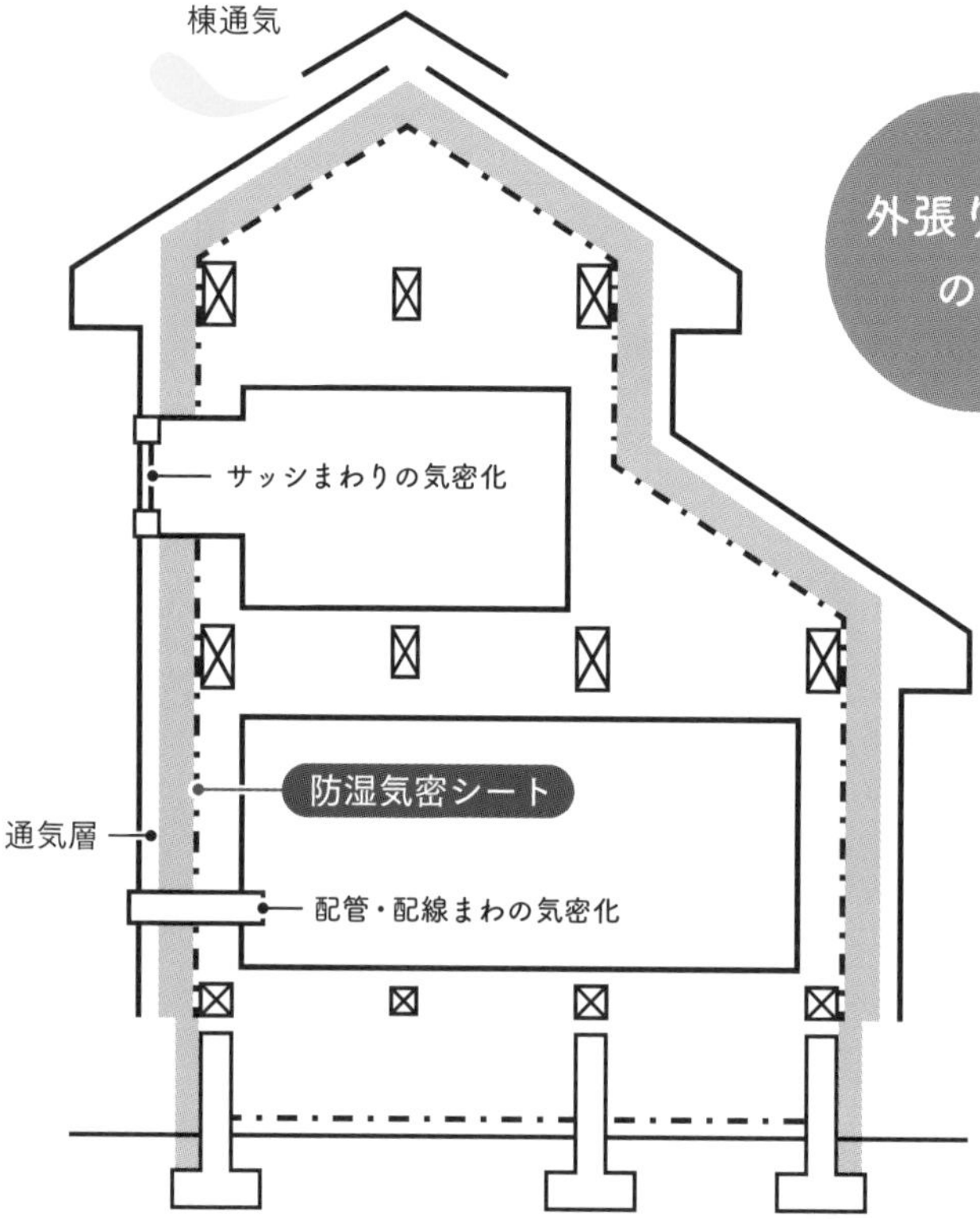

壁断熱（外張り断熱）

構造材の外側を断熱材でくるむ工法。発泡プラスチック系などのボード状の断熱材を用いることが多い。同じ断熱材の厚みなら充填断熱よりも高性能にでき、気密性能を確保しやすいのが利点

屋根断熱

屋根下地である垂木の間や野地板の上に断熱材を敷いていく工法。勾配天井にできるので2階の空間を有効に使える。断熱材は発泡プラスチック系からグラスウールまでさまざまなものが使われる

基礎断熱

基礎のまわりに断熱材を張る工法。基礎の内側に断熱材を張る「基礎内断熱」と基礎の外側に張る「基礎外断熱」に分かれる。断熱性能の面では後者が有利だが、断熱材がシロアリに食われるおそれがあるので、シロアリの生息地域では前者が用いられることが多い

気密

断熱材どうしの継ぎ目に気密テープを貼る。防湿気密シートで覆って、気密性能を上げる方法もある

付加断熱の家

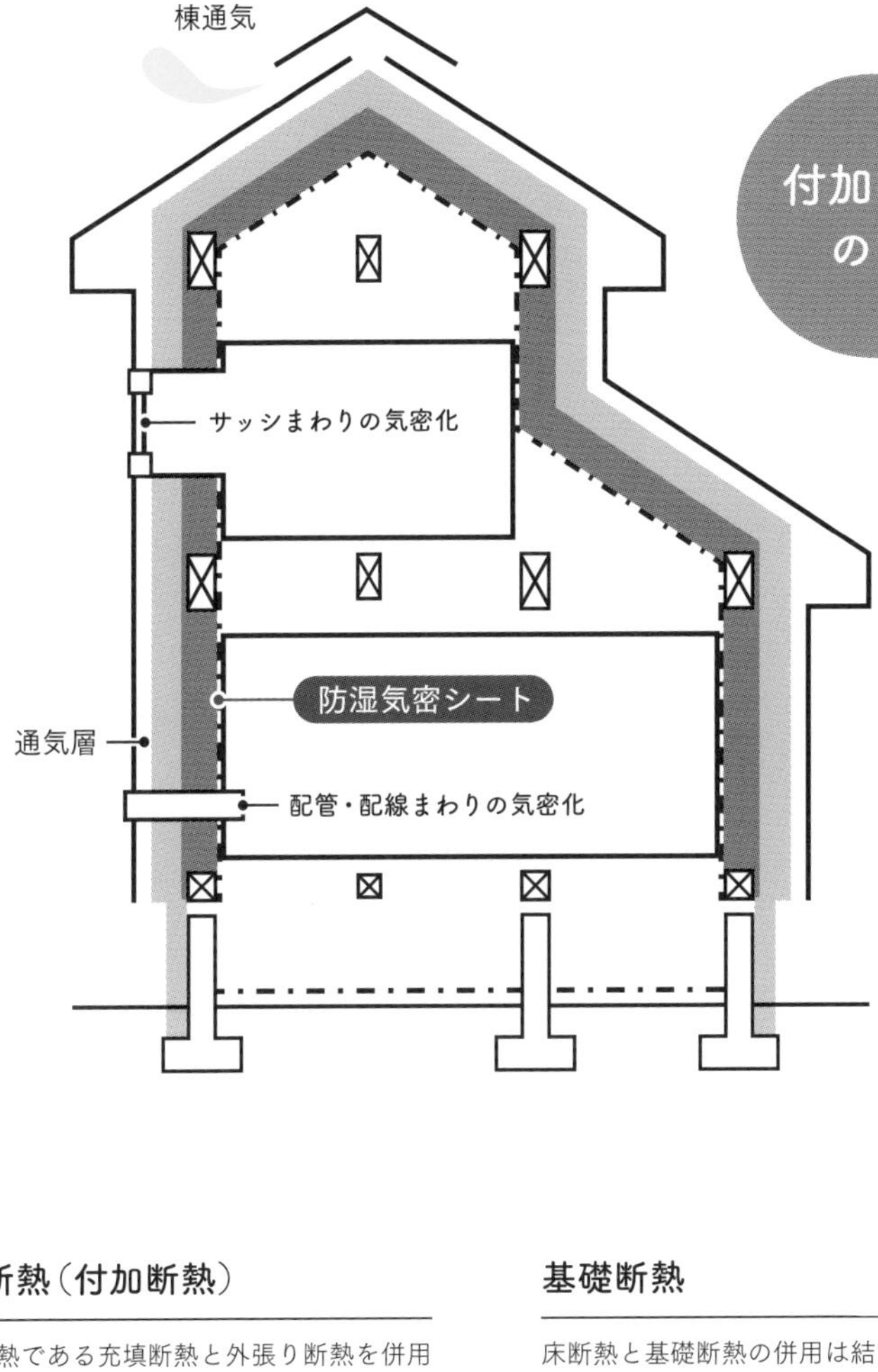

壁断熱(付加断熱)

内断熱である充填断熱と外張り断熱を併用した工法。内側は繊維系断熱材を充填する。壁体内結露を防ぐために、発泡プラスチック系断熱材は厚くしたほうがよい

屋根(天井)断熱

壁と同様、素材の違う断熱材を使用した場合は、結露に注意する

基礎断熱

床断熱と基礎断熱の併用は結露が発生するため注意する。基礎断熱を採用する場合、シロアリ対策を行う。床断熱の場合は、気密性能の確保をする

気密

充填断熱または外張り断熱で用いたどちらかの方法を選択する。ただし、気密施工を行う際に気密の外と内の境界が途切れないように注意する

「涼しい2階」の決め手は屋根断熱

屋根や壁に直接日光が当たらないように配慮したうえで屋根の断熱強化を図ります

夏に涼しい環境をつくるには、冬とは別の工夫が必要です。夏場の外気温と室温の差は5〜7℃程度ですが、直射日光が降り注ぐ外壁や屋根の表面は、触れることができないほど熱くなります。特に屋根の表面温度は、最大で約70℃も上昇します。外壁や屋根に蓄積された熱は室内へと伝わるため、この熱量が多くなるほど室内の温度も上昇していきます。夏に涼しい環境をつくるためには、直射日光を遮り蓄積される熱を抑えることが重要です。

外壁の場合は、軒を出したり、遮熱塗料を用いたり、日が当たらない壁の面積を増やしたりするとよいでしょう。南側に落葉樹を植えることも有効で、日除け効果と植物の蒸散作用で壁を冷却してくれます。「打ち水」をして気化熱を奪うのも効果的です。

屋根は、壁の2倍以上の温度になるため、断熱材の厚みをしっかりと確保するか、熱伝導率（※）が低い高性能な断熱材を選択して、断熱性能を上げる必要があります。また、小屋裏がある場合は、熱がこもらない工夫をしましょう。冬場には放射冷却の影響も受けるので、屋根の断熱性能は家の断熱を考えるうえでとても重要であるといえます。

※熱の伝わりやすさを示す数字。低いほど、断熱材として性能が高い

屋根の熱が暑さの大きな要因

夏の屋根面の温度と断熱性能

夏の強烈な日射によって、屋根の表面は70℃近くなる。この熱を室内に入れない工夫が大切

（屋根の断熱性能が低い家）　（屋根の断熱性能が高い家）

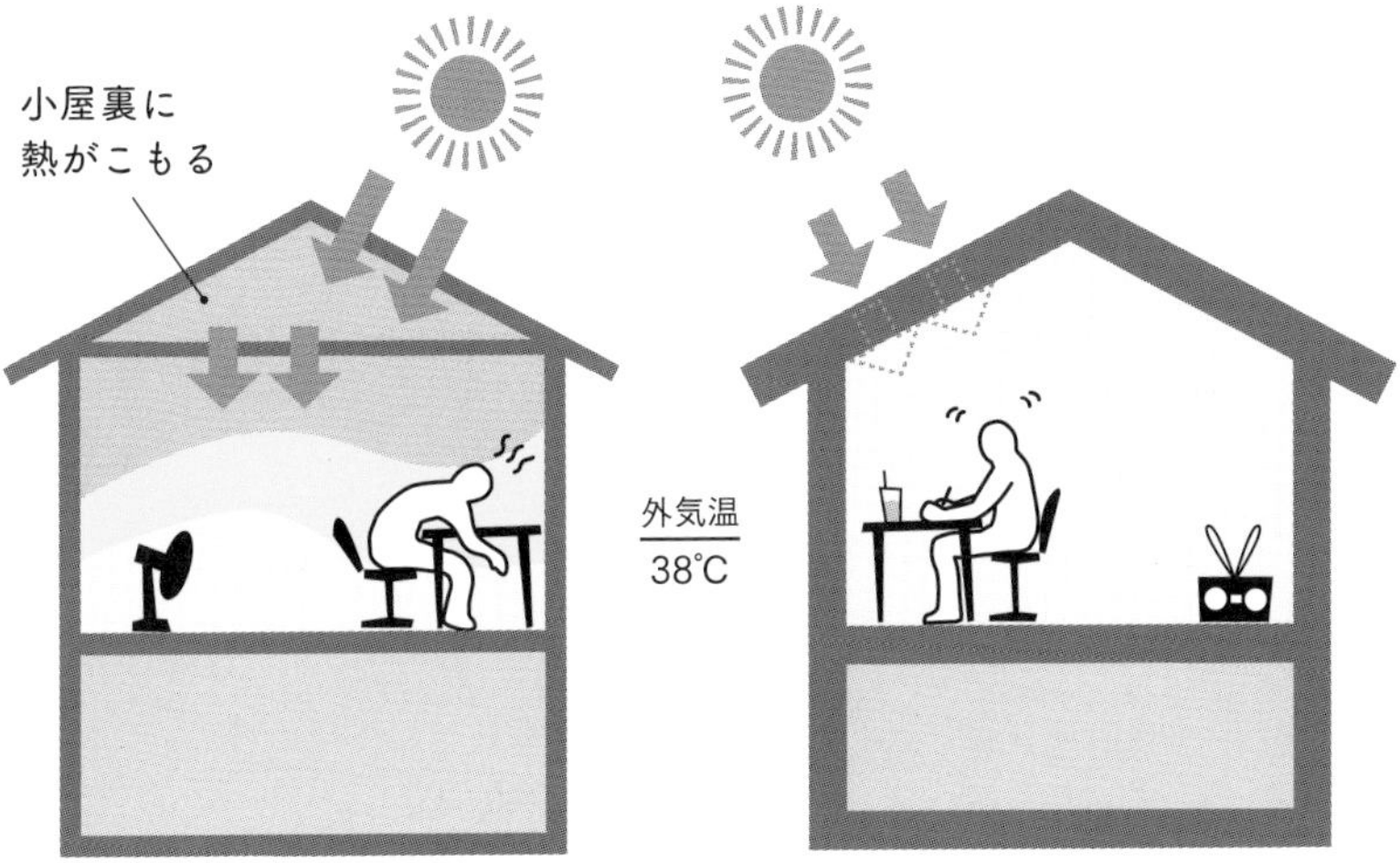

屋根から室内へ熱が伝わり、暑い。屋根から入った熱が小屋裏にこもってしまうことも暑さの原因になる

屋根から室内へ熱が伝わりづらいので、暑くない。屋根から入った熱がこもらないように小屋裏空間をつくらず、勾配天井にすることも有効

豆知識

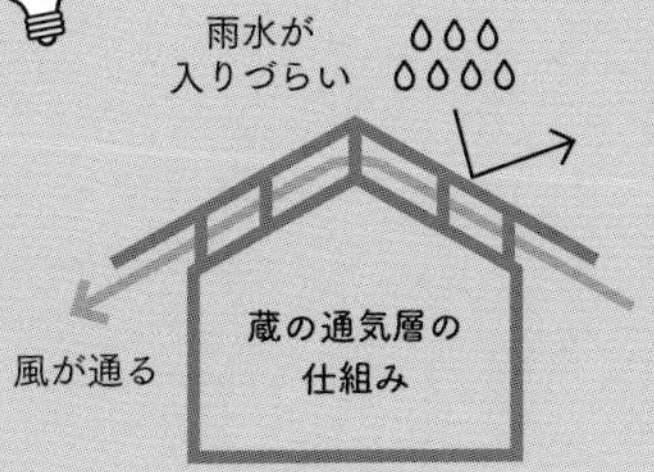

通気層を用いた断熱方法

熱が室内に伝わりづらくするために、屋根や壁のなかに「通気層」という空気の通り道をつくる方法もあります。たとえば、日本に昔からある倉は内部の温度を保つために、屋根は空気を通して冷やす２重構造になっています。通気層は、熱を通すだけでなく、雨水などを壁のなかに入りづらくします。

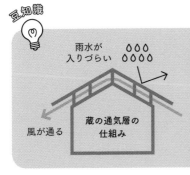

隙間をなくして暖かい家をつくる

どんなに断熱性能が高くても、気密性能が低ければ快適な家にはなりません

穴の開いた服を着るとスースーするのと同じように、家にも穴＝隙間があるとそこから空気が出入りします。冬にせっかく暖房をしても小さな隙間が多いと、暖かい空気は逃げてしまいます。効率よく暖房をするためには、その小さな隙間を減らすことが重要になります。

家の隙間をなくすことを、気密性能を上げるといいます。気密性能は、C値（相当隙間面積）で表し、この数値が小さいほど気密性能は高くなります。寒冷地以外のエリアでは、C値が5.0㎠／㎡程度であれば「高気密」だといわれますが、最近は1.0㎠／㎡以下の住宅を目指す会社も全国的に増えており、気密性能に対する意識は高まっています。

しかし、小さな隙間は屋根と壁の境目やエアコンの配管まわり、窓まわり、床と柱のつなぎ目など、家のあらゆる場所に潜んでおり、目視することは困難です。それらをきっちり塞ぐには、施工時に細やかな工事を行う必要があります。そのため、気密性能は施工力に左右されるといっても過言ではありません。

家は、30年以上住む場所です。家を建てた後で絆創膏を貼るような場当たり的な対応をするのではなく、気密性能の高さも視野に入れておくことが大切です。

家の隙間は見えない部分に注意

C値の違いによる隙間の比較：120㎡（36.30坪）の住宅の場合

（ C値＝5.0㎠/㎡ の家 ）

C値5.0㎠/㎡は、600㎠の隙間があることを表す。この大きさはA4用紙1枚分（600㎠）に相当する

（ C値＝0.3㎠/㎡ の家 ）

C値0.3㎠/㎡は、36㎠の隙間があることを表す。この大きさは、名刺1枚分（45㎠）以下である

隙間ができやすい場所

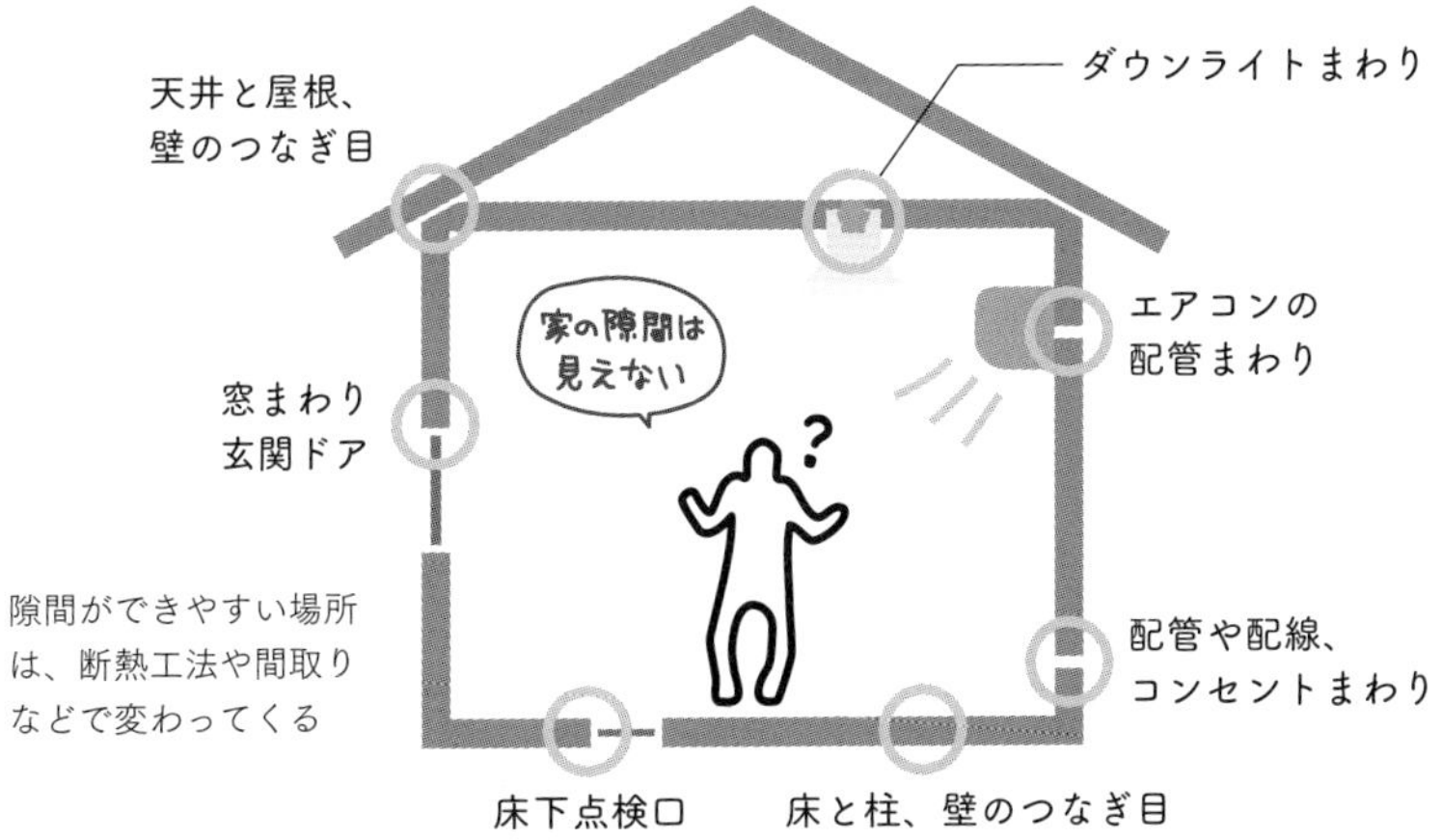

隙間ができやすい場所は、断熱工法や間取りなどで変わってくる

豆知識

一般的に気密性能は、温暖なエリアなら5.0㎠/㎡が目安といわれていますが、4.0m/sの風が吹けば、約2時間で家の空気が入れ替わってしまう隙間の大きさです。また、外気との温度差が20℃以上あれば風がなくても3時間で空気が入れ替わります。これを1日に換算すると20回もの空気の入れ替えを行っていることになるため、どれだけ暖房しても部屋が暖まりづらくなります。

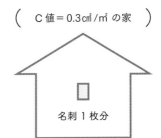

暖かさは窓から逃げていく

家の断熱性能を上げるには、窓の性能アップが有効です

家のなかで外部と接している場所は、外壁、屋根、1階の床、窓に分けられます。そのなかでも、窓やドアをまとめて「開口部」といい、これらの場所は外壁や屋根などと比べると断熱性能が極めて低いのが特徴です。

断熱性能は熱の逃げやすさ（熱損失）と面積で決まるのですが、「開口部」の面積が外部と接する全面積の20％程度しかなくても、その熱損失量は外壁と同等になります（※）。つまり、「開口部」の断熱性能を上げることで、住宅の断熱性能を一気に上げることができます。

窓の断熱性能は、サッシとガラスでほぼ決まります。日本では長らくアルミ製のサッシが使われてきましたが、熱伝導率が高く熱が逃げやすい素材です。断熱性能を上げるという点では、樹脂製や木製のサッシのほうがよいでしょう。耐久性を考慮して、外側にアルミ、内側に樹脂を使った複合サッシもあります。

ガラスは、複層ガラスやトリプルガラスなど複数のガラスを重ねたものや、ガラスの厚み、ガラス表面に特殊な加工を施したものなど、断熱性能を上げるための工夫が施されたものが多数あります。快適な家をつくるためには、最低でも複層ガラスを選択しましょう。

※複層ガラスを使用した場合の熱損失

窓の断熱性能を高めるには

熱の出入りは窓が最も大きい

平成11年省エネルギー基準で建てた住宅モデルの例
出典：日本建材・住宅設備産業協会

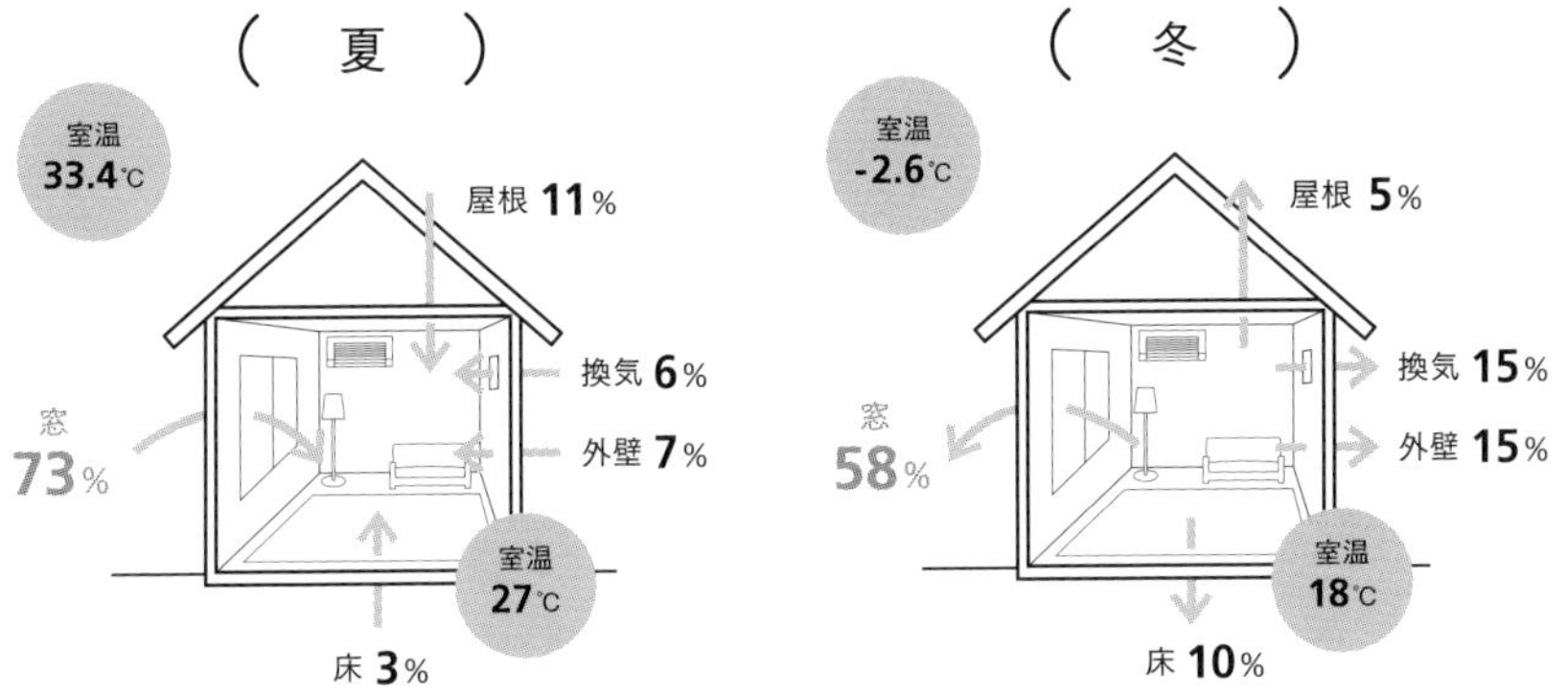

窓ガラスの枚数

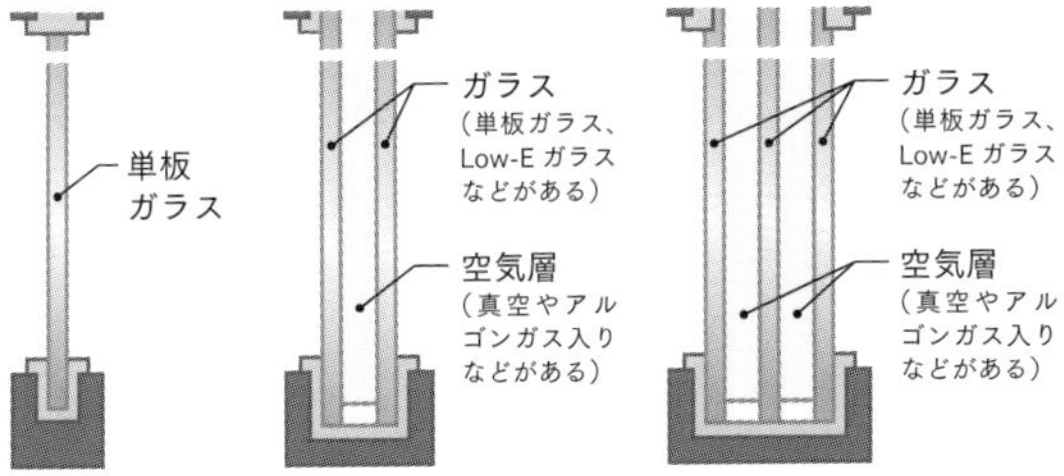

単板ガラス　　複層ガラス　　トリプルガラス

昔の住宅では単板ガラスが主流だったが、今は複層ガラスの採用が最も多い。3枚のガラスを用いたトリプルガラスや熱を伝えにくいアルゴンガスやクリプトンガスを注入したものも登場している

ガラスの種類と熱貫流率

出典：日本板硝子「日本板硝子の高性能ガラスシリーズ」

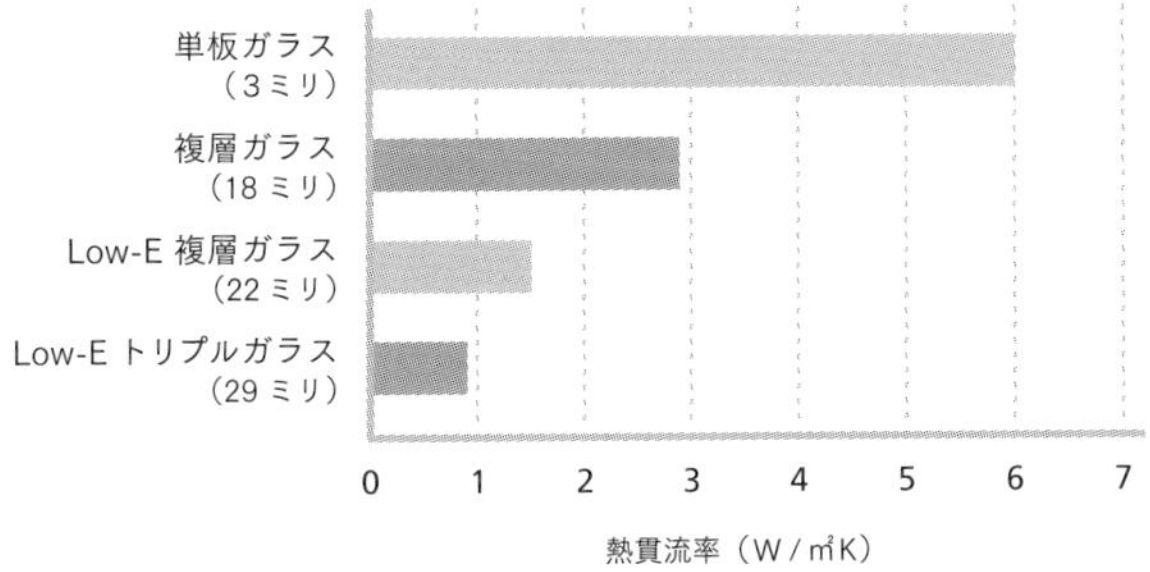

ガラスの枚数による断熱性能の違いを比較した。熱貫流率が小さいほど断熱性能が高いことを示す。窓ガラスの枚数が多く、Low-E加工（42頁）されているものほど断熱性能が高い

窓を高性能化させるには？

窓のグレードアップは、家自体の断熱性能の向上につながります

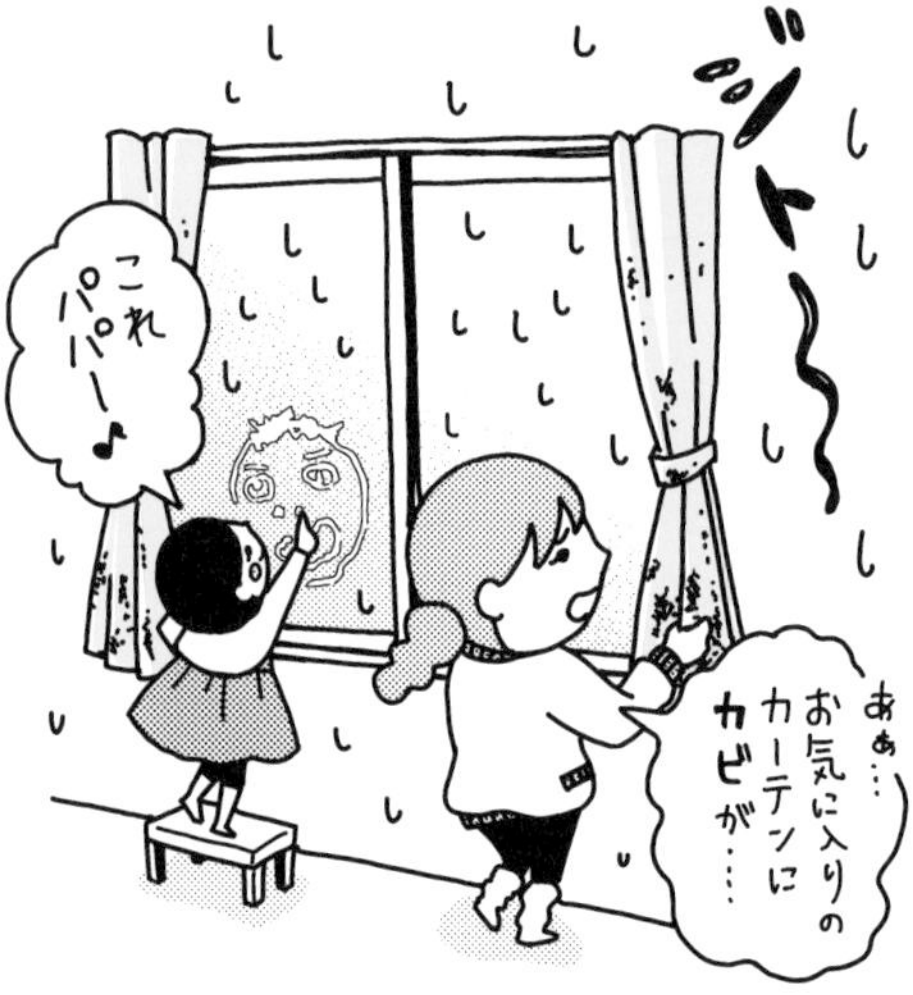

前頁では窓の断熱性能を上げるには、ガラスとサッシの選択が大切なことに触れました。ここでは、そのほかの窓の部位や仕様を考えていきましょう。まず、複層ガラス以上の窓には、中空層（空気層）があり、ここが厚いほど断熱性能が上がります。ただし、16㎜を超えると性能はほとんど変わらないため、中空層は12～16㎜の厚さで十分だといえます。また、中空層の厚さだけでなく、その中身も大切です。空気より断熱性能の高いアルコンガスや、真空のものを選ぶことをお勧めします。

より窓を高断熱にしたい場合は、ガラススペーサーの素材も配慮します。スペーサーは、ガラスとガラスの間にスペースをつくるためのパーツです。アルミと樹脂の2種類が一般的ですが、断熱性能が高い樹脂を選ぶとよいでしょう。

最後に、窓の開け方でも性能は変わってきます。代表的な開け方として、①引違いと上げ下げ、②縦すべりと横すべり、③FIXの3種類があります。比較すると、①→②→③の順番で断熱・気密性能が上がります。

窓の性能の高さで快適性が大きく変わるので、設置個数や費用なども考慮し、最適なものを選びましょう。

窓の性能は素材で大きく変わる

ガラスとサッシの種類別性能表

イメージ		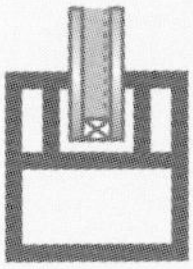	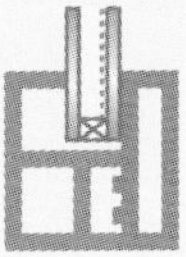		
サッシの仕様	木製 または樹脂	木製 または樹脂	アルミ 複合樹脂	金属製 （アルミ）	金属製 （アルミ）
ガラスの仕様	Low-E 三層複層ガラス （ダブル Low-E）	Low-E 複層ガラス	Low-E 複層ガラス	単板ガラスを 2 枚 組み合わせたもの	単板ガラス
ガスの有無	あり	あり	なし	なし	–
中空層の厚さ	7㎜以上	12㎜以上	10㎜以上	6㎜以上 12㎜未満	–
熱貫流率（W/㎡K）	1.6	1.9	2.33	4.65	6.51

出典：平成 28 年度　国土交通省補助事業　住宅省エネルギー技術　設計講習テキスト「開口部の断熱性能値」

大部分がガラスで構成される窓の熱貫流率は、金属製（アルミなど）サッシの単体ガラスと、木製または樹脂建具の Low-E トリプルガラスでは、約 4 倍もの違いがある

各国の断熱基準に合わせて使用できる窓の性能は、フィンランド（1.4）、ドイツ（1.69）、英国（1.98）、ニューヨーク（2.0）など。日本は、札幌 2.33、東京 4.65 で各国と大きな差が見られる

窓サッシの分布を比べると、ドイツは 60%が樹脂サッシで 25%が木製サッシ、韓国は 80%が樹脂サッシであるのに対して、日本は 7%が樹脂サッシで 62%がアルミサッシである

EU：Interconnection Consulting Group, "Windows in Europe 2005"　韓国：日本板硝子調査 2011 年データ

豆知識

窓の性能はサッシとガラスの熱の逃げやすさを合わせた熱貫流率（小さいほど高性能）で示されます。欧米の最上級の窓の熱貫流率は 1.0 以下です。一方、日本の省エネ建材等級区分で最上位とされているものでも、2.33 と性能面で見劣りします。また日本の窓は引違いが主流ですが、引違いは気密性能を保ちにくいので、欧米ではあまり使われません。

高性能な窓は省エネで結露もしづらい

Ｌｏｗ－Ｅ複層ガラスはマイナス38℃でも結露せず、室内の熱も逃げにくい性能をもちます

窓に関する悩みといえば、やはり結露です。寒冷地では、朝起きるとガラス面が結露して凍っている家もいまだにあります。こうした結露は、窓の断熱性能を高めることで起こりにくくなります。

たとえば、室内の温度が20℃で湿度が60％、厚さ５㎜の単板ガラスを使用している場合、外気が８℃になると結露がはじまります。複層ガラスの場合は、マイナス４℃からはじまります。Ｌｏｗ－Ｅ複層ガラスだと、マイナス38℃以下になっても結露は起こりません。

また、窓の性能を上げると室内の温度の下がり方も変わります。寝る前に暖房を消した場合の温度の下がり方を比較すると、Ｌｏｗ－Ｅ複層ガラスは厚さ５㎜の単板ガラスに比べて６割以下の温度低下で済みます。

結露は、放置しておくと室内環境や人体にも悪影響を及ぼします。結露によって窓枠やカーテンに付着した水滴、水滴が落ちたフローリングをそのままにしておくとカビが発生します。場合によっては、カビを原因とした喘息やアレルギーなどを引き起こします。また、建物の躯体に水分が浸み込み、躯体自体の劣化にもつながります。まさに、百害あって一利なしです。

結露が起こる環境とLow-E複層ガラス

結露が起こる仕組み

結露は空気の温度が下がって、水蒸気を含みきれなくなったときに発生する

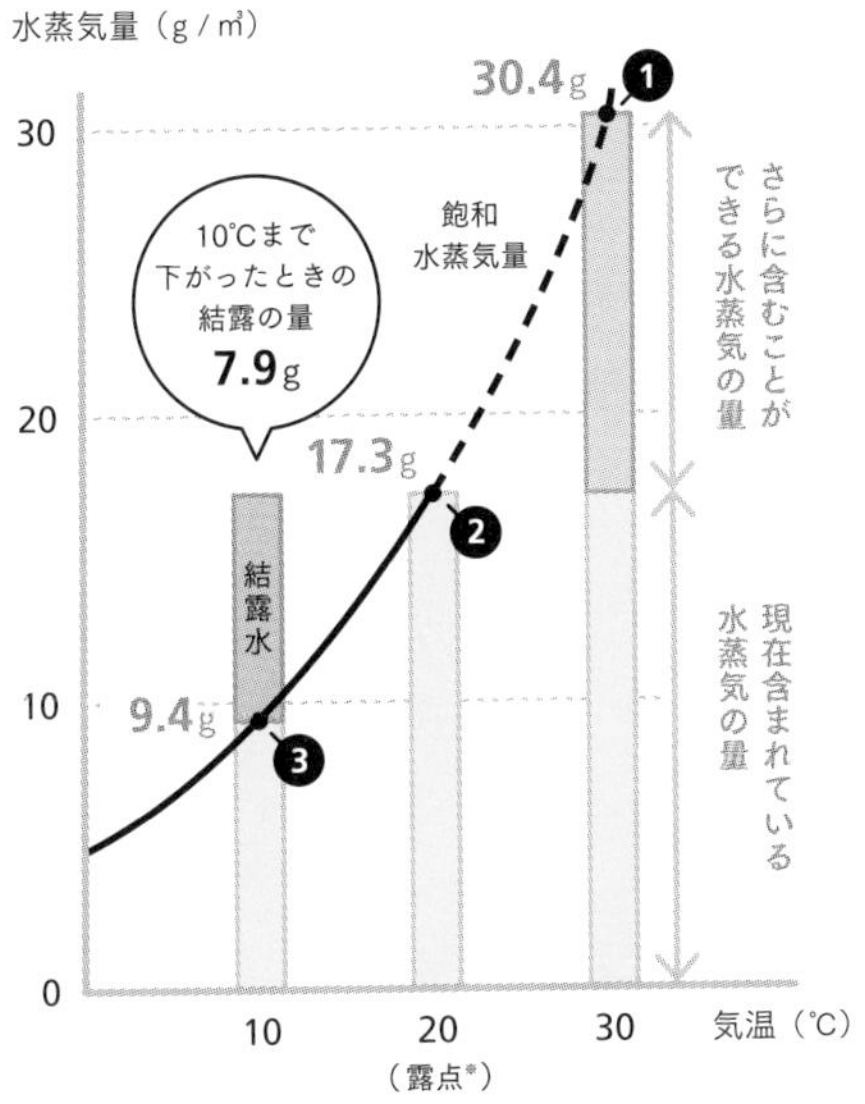

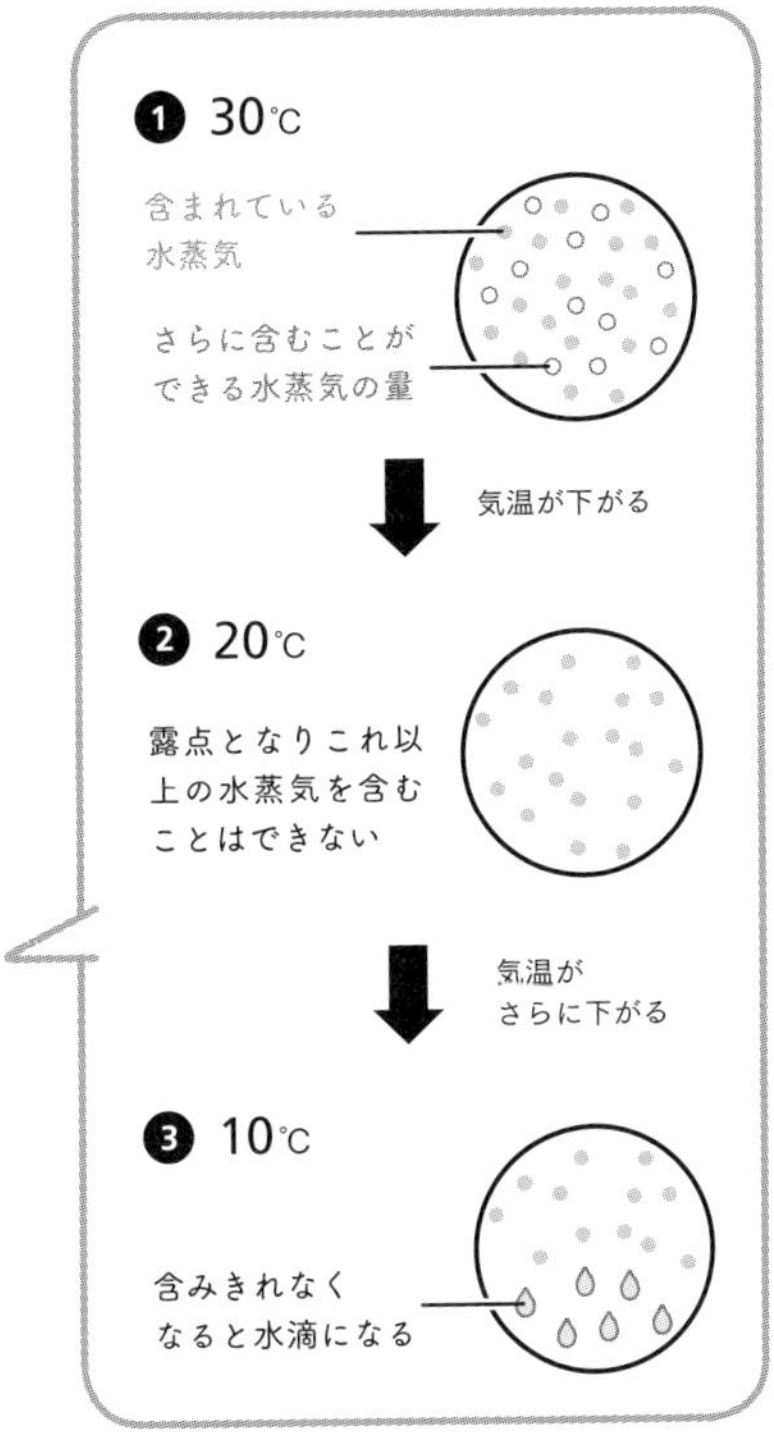

※露点＝水滴ができ始める温度

参考：「中2理科をひとつひとつわかりやすく。」（学研刊）

ガラスの種類と結露の発生

品種	室内湿度		
	60％	70％	80％
単板ガラス	**8**℃	**12**℃	**15**℃
複層ガラス	**-4**℃	**3**℃	**9**℃
Low-E 複層ガラス	**-38**℃	**-21**℃	**-6**℃

出典：旭硝子サンバラス®カタログを参照

ガラスの種類による結露発生の温度を示す。室温20℃で湿度70％の場合、単板ガラスは外気温12℃で結露が発生するのに対して、Low-E複層ガラスでは外気温がマイナス21℃になるまで結露しない

遮熱ガラスと断熱ガラスを使い分ける

ガラスの種類と設置場所を考慮すれば、効率よく日射熱の利用ができます

窓の性能を上げる方法の1つに、特殊な加工を施したガラスを組み合わせるというものがあります。39頁でも紹介したＬｏｗ－Ｅ複層ガラスがその一例です。Ｌｏｗ－Ｅ複層ガラスとは、複層ガラスの内側または外側にＬｏｗ－Ｅ金属膜をコーティングしたものです。Ｌｏｗ－Ｅ（ローイー）は、Low Emissivity（ローエミシビティ）の略で、低放射という意味です。つまり、Ｌｏｗ－Ｅ金属膜は窓から出入りする放射熱の移動を抑える働きをします。

Ｌｏｗ－Ｅ複層ガラスには、金属膜を室外側ガラスの内側に貼った日射熱を遮る遮熱タイプと、室外側ガラスの外側に貼られた室内から逃げる熱を減らす断熱タイプがあります。それぞれ正反対の特徴を持つため、目的によって使い分けます。

たとえば、日射熱を取り入れたい場合、冬場に遮熱タイプだと熱を反射してしまいます。反対に、夏場は窓から入る日射熱を反射してくれるため、冷房効率はよくなります。また、高断熱住宅では日射熱を取り入れ過ぎて、冬場でもオーバーヒートを起こすこともあります。窓ガラスの種類は、家の断熱性能や方位などを考慮して慎重に選びましょう。

Low-E複層ガラスの種類

断熱ガラスと遮熱ガラスの違い

断熱タイプ

特殊金属膜が室内の熱を逃がさない。遮熱タイプよりは夏の日射熱の取得は高めだが、冬はたっぷり暖かい日射熱を取り入れることができる

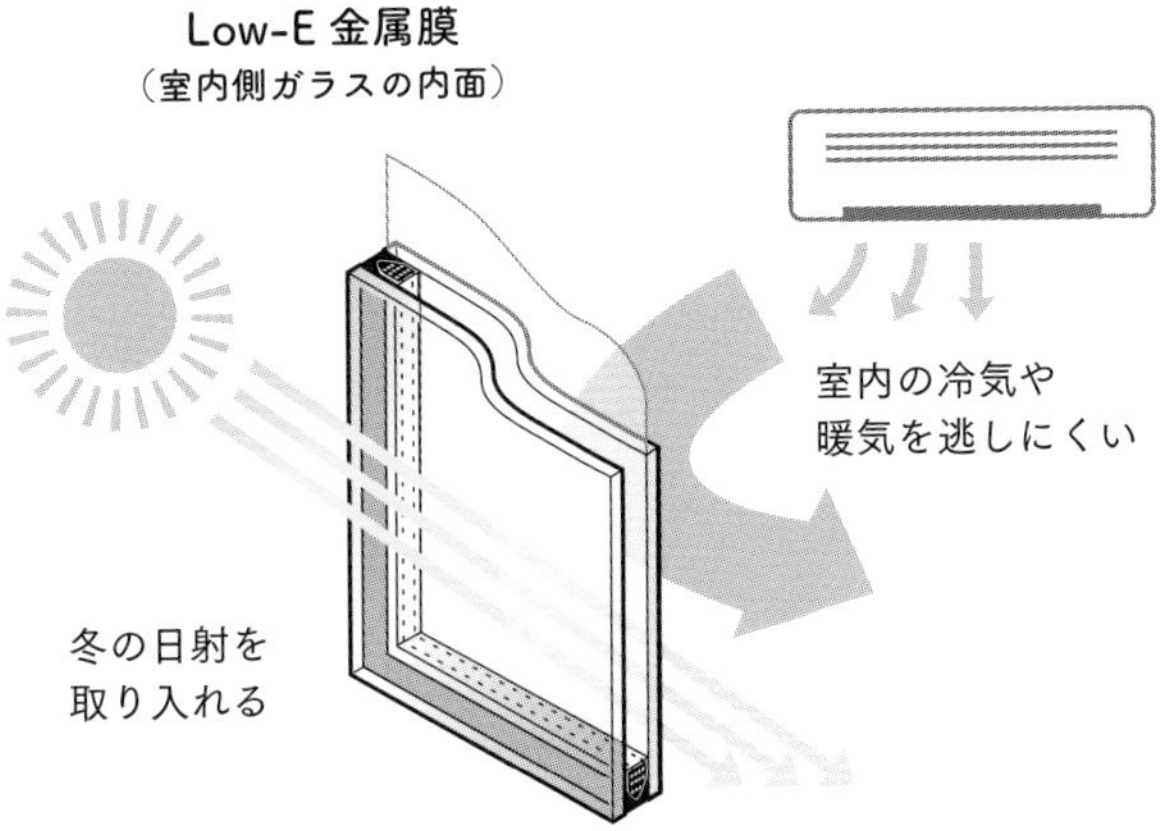

遮熱タイプ

特殊金属膜が夏の熱い日射を遮る。一方で、冬場の暖かい日射も遮ってしまうので注意。断熱タイプと同じく、室内の熱は逃がさない

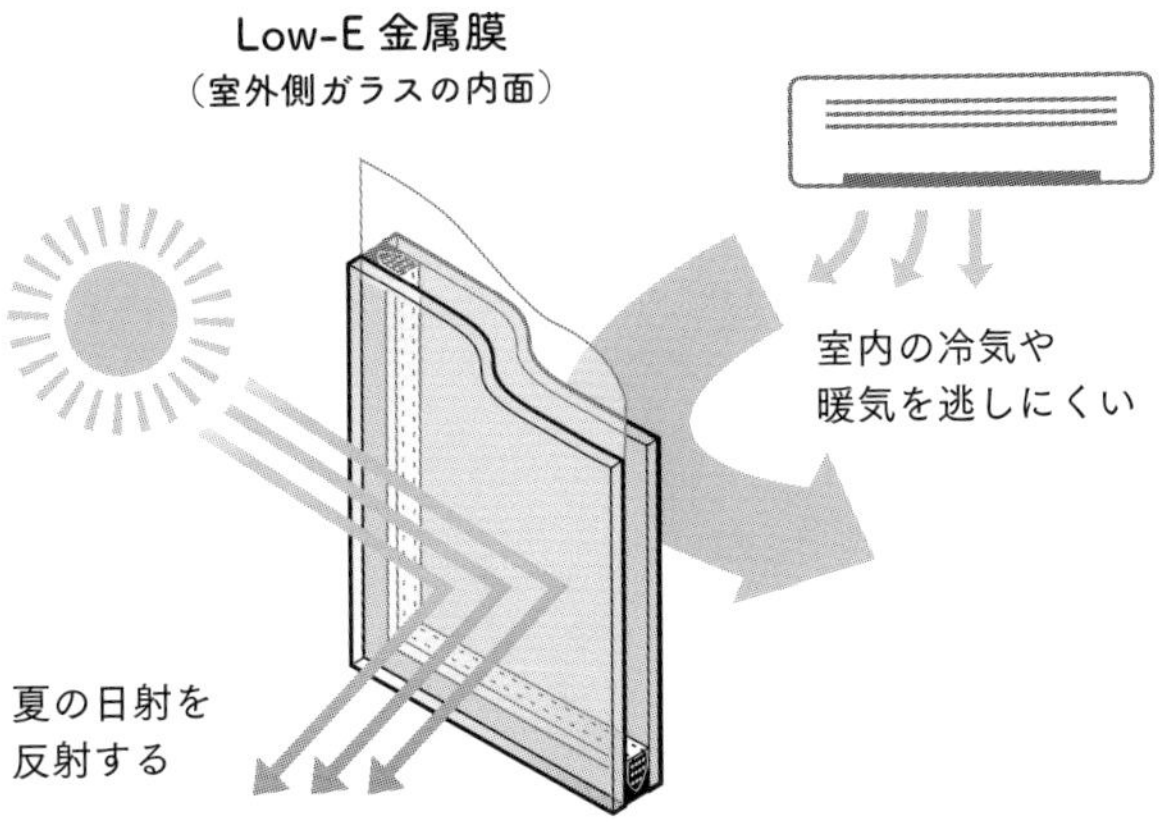

豆知識

超高熱断熱住宅の場合、冬場に窓から入った熱が室内にこもることによって室内全体の温度が上昇し、暖かいを通り越して暑いと感じるオーバーヒートという現象が起こる可能性があります。地域の日射量と窓の大きさ、家の断熱性能によって窓ガラスの種類を選びます。ブラインドなど自分たちで日射を調整できるものをセットで考えましょう。

理想は冬だけ日射を取り入れること

窓の断熱性能を高めて日射を取り入れると、光熱費が少なく暖かい家になります

新築時には窓の位置に気をつけましょう!!
どこにする?

窓の断熱性能が上がれば、日射熱の使い方次第で、冬場の光熱費をさらに減らすことができます。

まず、窓の断熱性能が上がると熱が逃げにくくなり、暖房効率がよくなります。さらに、熱が床や壁、天井に蓄えられ、室温が下がってきた夕方から夜にかけて室内に放出されるため、暖房が少なくて済みます。日が沈んだ後は厚手のカーテンなどを閉めるとより効果的です。

一方で、夏場は室内の熱を蓄えることが弱点になってしまいます。日射が入り熱が溜まると冷房が効きにくくなるからです。そこで、夏は日射を家のなかに入れないように、窓の外側で徹底的に日射をカットする必要があります。庇や軒を設けることが理想的ですが、スペースがない場合はすだれやグリーンカーテン、窓の外側に設置する外付けブラインドが活躍します。特に、外付ブラインドには、朝夕の自動開閉機能やスマートフォンを使ったリモート操作など、便利な機能がついているものもあります。

また、天窓や高所窓を設けて、部屋に溜まった熱を外に排出したり、北側に地窓を設けて冷たい空気を取り入れることで、室温を快適な状態に近づけることができます。

窓と太陽からの日射の関係性

冬の日射熱の上手な使い方

昼の蓄熱

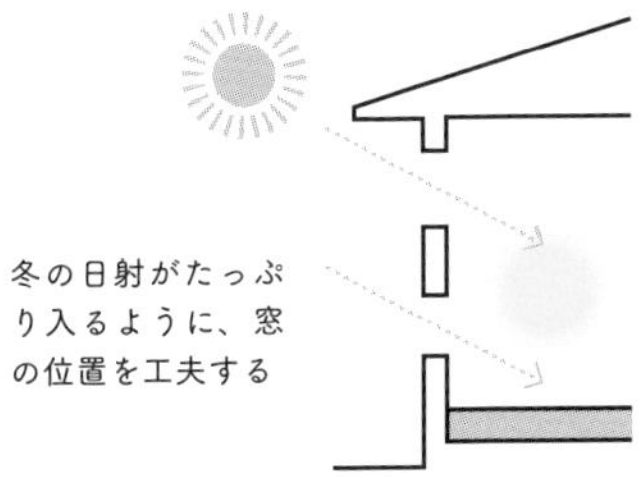

南側の窓からたくさんの日射を入れる。家がしっかり断熱されていると、熱が逃げにくく保温される。さらに、その熱は床や壁、天井に蓄えられる

夜の放熱

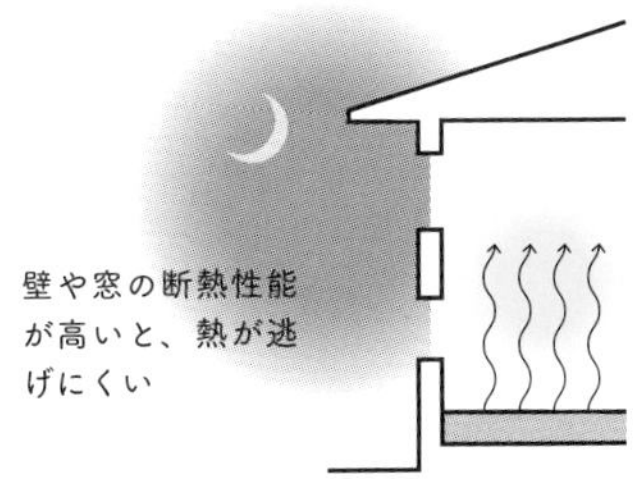

昼間に蓄えられた熱が放熱されて、暖かさが続く。床や壁、天井が暖かいので快適と感じる

夏の日射遮蔽の効果

単板ガラス（3㎜厚）

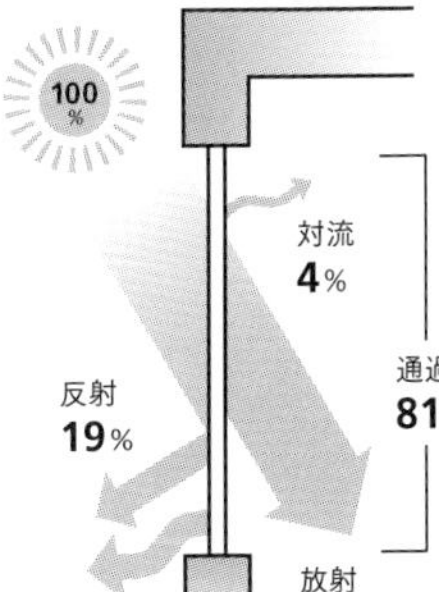

単板ガラス（3㎜厚）＋内付ブラインド

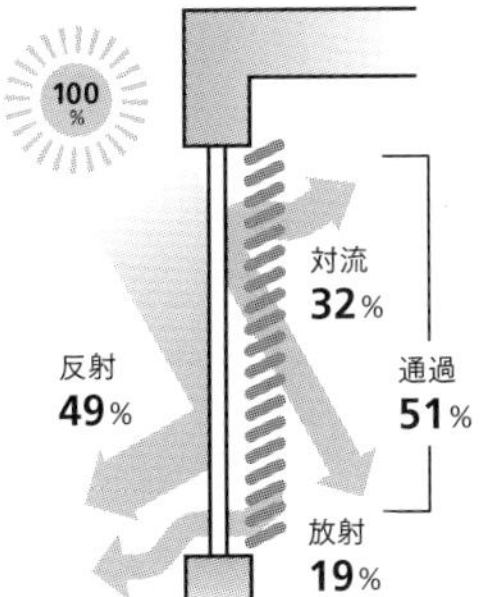

単板ガラス（3㎜厚）＋外付ブラインド

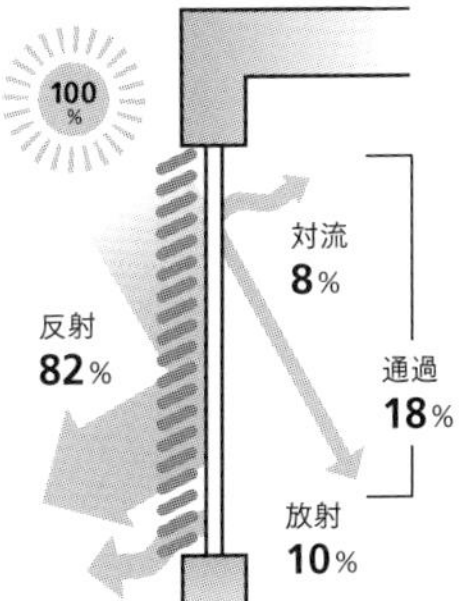

庇や軒がない家で夏の日射を一番効率よく遮るのは、外付けブラインドである。内付けブラインドは、外付けには劣るがハニカムスクリーンなど日射を遮る高性能なものも登場している

出典：日本建材・住宅設備産業協会「ブラインドによる日射遮蔽」

日よけ効果で「冷房しない期間」を延ばす

日よけを徹底したうえで周辺の風を取り込み、冷房しなくても過ごせる環境をつくります

植物は気孔から水蒸気を出すので日が当たっても熱を蓄えず窓周りを涼しく保ってくれるんだ
緑があるといいよね！

断熱・気密性能の高い家では、真夏は冷房を効率的に使うことが一番の省エネになります。その代わり、前後の比較的快適な時期には冷房のスイッチを切って過ごすようにしましょう。そのためには、日射遮蔽を行い、太陽の熱をなるべく室内に入れない工夫が大切です。

窓の外側で日射を遮るには、外付けブラインドやグリーンカーテン、庇、ルーバー、オーニング、葦簀（よしず）などを用います。内側にカーテンや内付けブラインドをつけて遮っても、太陽の熱は窓ガラスやカーテン、ブラインドに蓄えられ、多くの熱が室内に侵入します。最近は、ハチの巣状のハニカムスクリーンというものもあり、中空層が断熱材としての役割を果たすため、通常のブラインドよりも高い断熱効果を発揮します。

遮熱効果を重視するなら、窓まわりをつる性の植物で覆うグリーンカーテンがお勧めです。植物には蒸散作用というものがあり、光合成の際に根から吸収した水を葉の裏にある気孔から水蒸気として放出しています。そのため、葉のまわりの空気は温度が上がりにくく、日射遮蔽と同時に遮熱の役割も果たしてくれます。ヘチマのように葉が大きい植物であれば、より高い効果が期待できます。

日射を遮る工夫

窓の外側でできる日射遮蔽

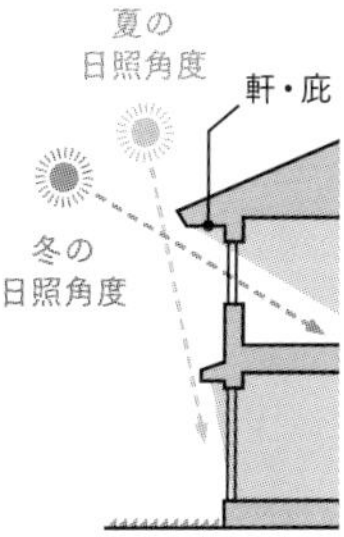

軒・庇

◎コストがかからない
◎手間がかからない

×密集地では軒を出せない
×低い角度の
日射は防げない
×デザインに制約がある

葦簀《よしず》

◎価格が安い
◎通風もそれなりにとれる

×出し入れに手間がかかる
×３年程度でぼろぼろになる
×隙間がある分、
日射遮蔽は不十分

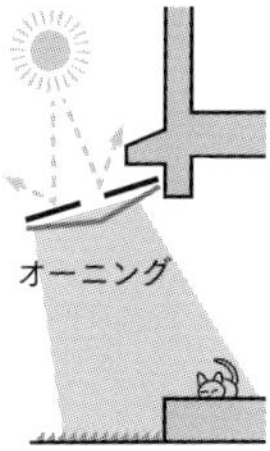

オーニング

◎かなり日射を防げる
◎耐候性もまずまず

×出し入れに手間がかかる
×デザインに制約がある
×しっかり固定しないと
風で飛ぶ

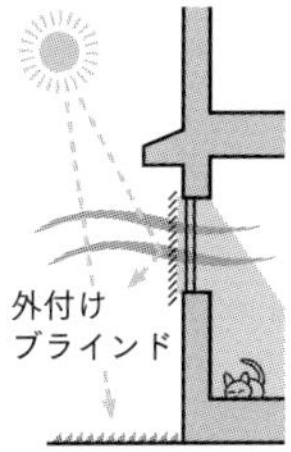

外付けブラインド

◎確実に日射を防げる
◎通風も確保できる
◎耐候性が高い
◎操作性が高い（電動）

×価格が高い

グリーンカーテンによる住宅面の温度推移

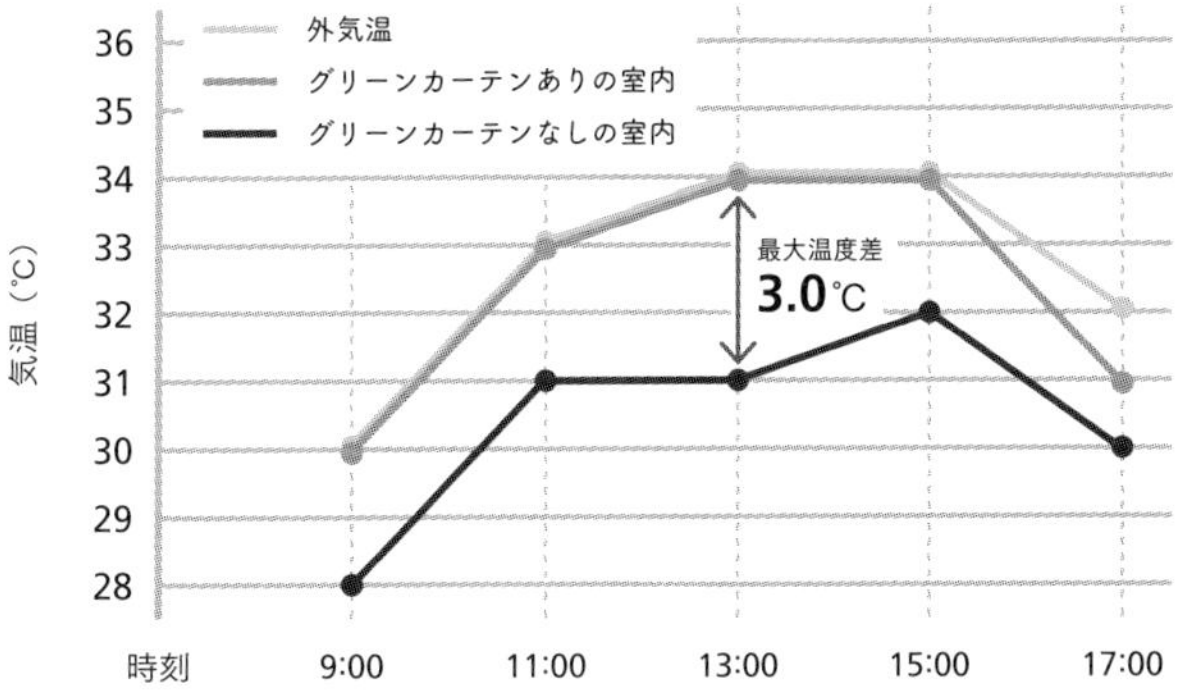

グリーンカーテンをした室内と、していない室内の温度変化を比較したデータ。グリーンカーテンによる室内温度の上昇抑制効果が見てとれる

出典：
県立広島大学
「広島キャンパス
緑のカーテン効果検証」

豆知識

植物の葉は重なる分だけ日を遮る面や蒸散面の面積が大きくなり、熱を防いだり逃したりする効果が高くなります。グリーンカーテンにはゴーヤやヘチマがよく使われます。

心地よい風の流れをつくる

自然の風を窓からうまく取り込むためのコツを掴んでおきましょう

エアコンのいらない季節には、自然の風を上手に取り込んで心地よい空間をつくりたいものです。上手に風を取り入れることは、決して難しいことではありません。複雑な最新設備を入れたり、膨大な費用がかかったりすることもありません。「風」の性質を理解して、それに合わせて窓を設けるだけで十分です。

第1章でも触れたように、室内にこもった熱い空気は軽いので上昇します。この性質を利用して、階段室や吹抜け空間などの高い位置に窓を設置すれば、そこから空気が排出されます（重力換気）。高所窓は、外出時にも開放しておけるので便利です。浴室の高い位置、洗面室の低い位置に窓を設置すれば、熱こもりや湿気を浴室の窓から外に排出することができます。重力換気は、2つの窓の高低差が大きいほど効果的です。また、風が吹いてくる側（風上）と風が流れ去る側（風下）にそれぞれ窓を配置すれば、室内にこもった熱気を効率よく排出することができます。

これらの手法は、住宅密集地でも効果的です。いったん家を建ててしまうと、窓を増やしたり減らしたりすることは簡単ではないので、設計する際にしっかり考えておくことが大切です。

心地よい通風を狭小地でもかなえる方法

高さと温度差を利用した重力換気

（重力換気による室温の変化）

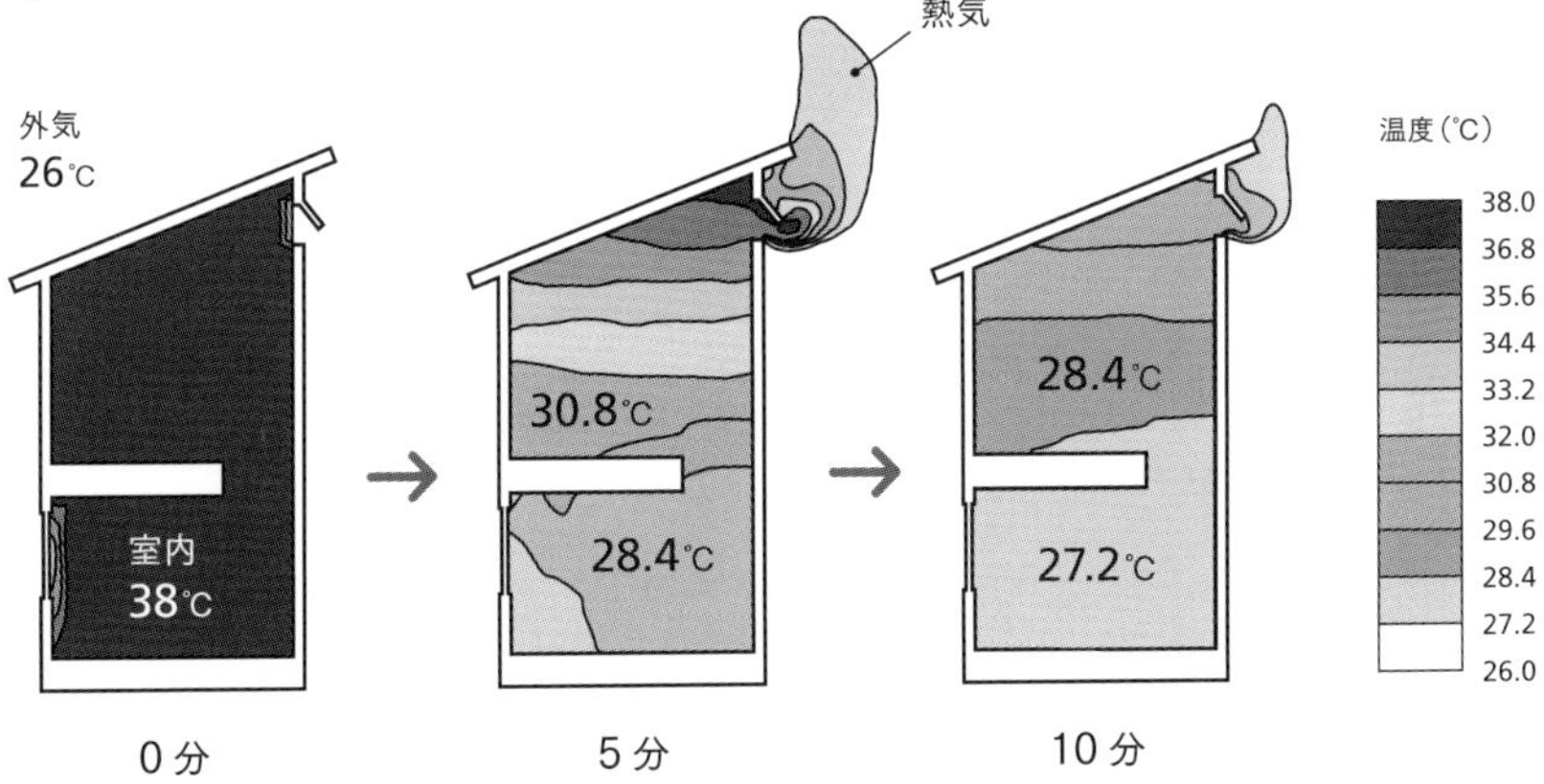

階段室や吹抜けなどに高さの違う窓を取り付けることで、暖かい空気は軽いという性質を利用した重力換気を行うことができる

負圧の効果を利用して風を引き抜く

（風向きに対して屋根が右下がりの場合）　（風向きに対して屋根が右上がりの場合）

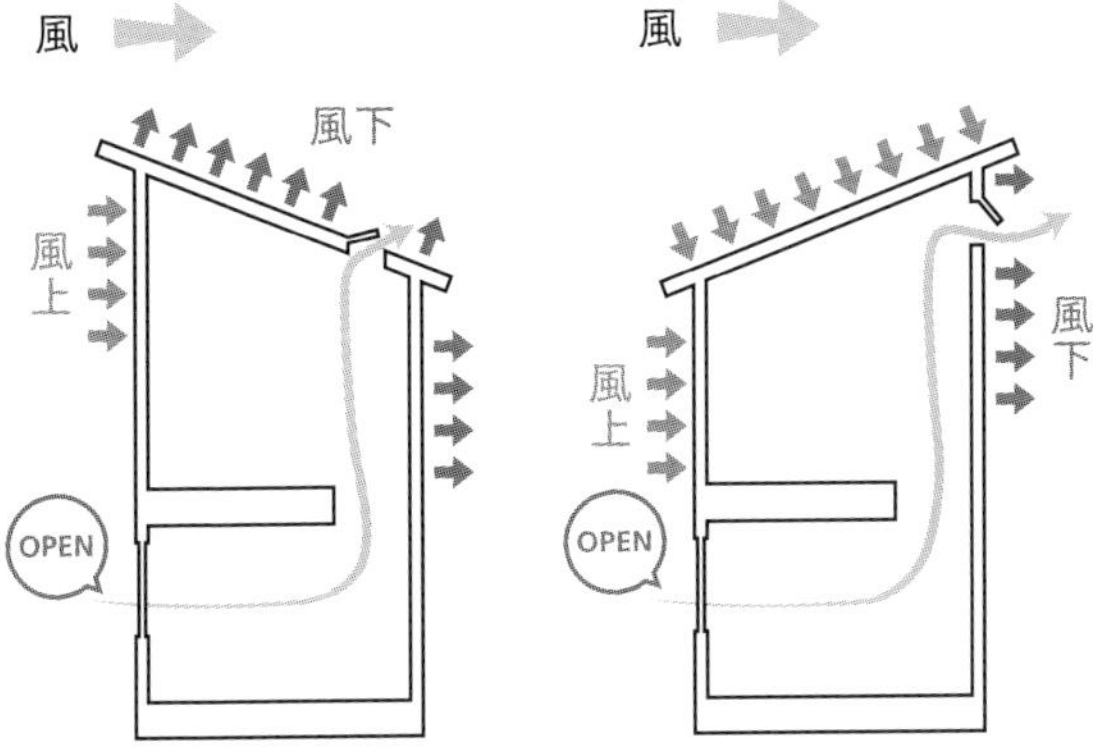

風向きに対して屋根が右下がりの場合、天窓またはハイサイド窓を設置すると効果的。風向きに対して屋根が右上がりの場合、屋根面は風上になるため天窓を設けても風がうまく引き抜けない。この場合は、ハイサイド窓を設置すると効果的。地域によって風向きがある程度予測できるので、屋根の角度や天窓、ハイサイド窓の場所を考慮したい

近畿大学建築学部長

岩前 篤

1961年和歌山県生まれ。'84年神戸大学建築学科卒業、'86年同大学大学院工学研究科修了、積水ハウス入社。同社試験研究所で、住宅の断熱気密・結露対策・空気環境などの研究開発に携わる。'95年神戸大学大学院博士課程修了（工学）。2003年近畿大学理工学部建築学科助教授、'09年同教授。'11年同大学建築学部の設置に伴い学部長に就任

暑さ・寒さを断熱で防ぐことが健康につながる

暑さ、寒さが与える影響

私たちが実施した「高断熱住宅の健康影響度調査」では、断熱性能を健康面から評価するという切り口で、2万人を対象にインターネット上でアンケートをとりました。これまで私たちは、断熱性能を快適性と結び付けて説明することが多かったのですが、快適性と健康には確かに関係があります。暑さや寒さは健康に影響を及ぼしているのです。

しかし快適性には幅があり、健康にも幅がある。直接的な関係性を数字や言葉にするのは難しい。たとえば一般に快適とされる室温22℃・湿度50％は、あくまで相対的な平均値で、個人の温感には10℃近い開きがあります。これは外気温でいうと、1月と4月、4月と8月くらいの差になります。それで、個人個人で着衣により調節しているのです。

それから、日本の多くの家は全館暖房でないので、どの部屋の温度が健康上大切かという議論もありますし、こうしたインターネットなどによる調査においては、室温を正確に把握することが難しいという問題もあります。すべての家庭に温度計があるわけではありませんし、そもそも家庭用の温度計は非常に不正確です。ただ、高断熱住宅の住まい手のなかには、非常に快適だということと、健康であるということの両方をおっしゃる方が非常に多いのです。

湿度が高いほうが不健康

この調査での住まい手の健康状態の把握は、基本的には自己申告です。ごく単純に「日常生活で諸症状が出ていないこと」を健康な状態としました。健康の定義は、ＷＨＯ（世界保健機関）でもまだ明確な結論が出ていないくらい難しい問題なのですが、私は健康に関しては自己

高断熱住宅への転居前の有症率（年代別）

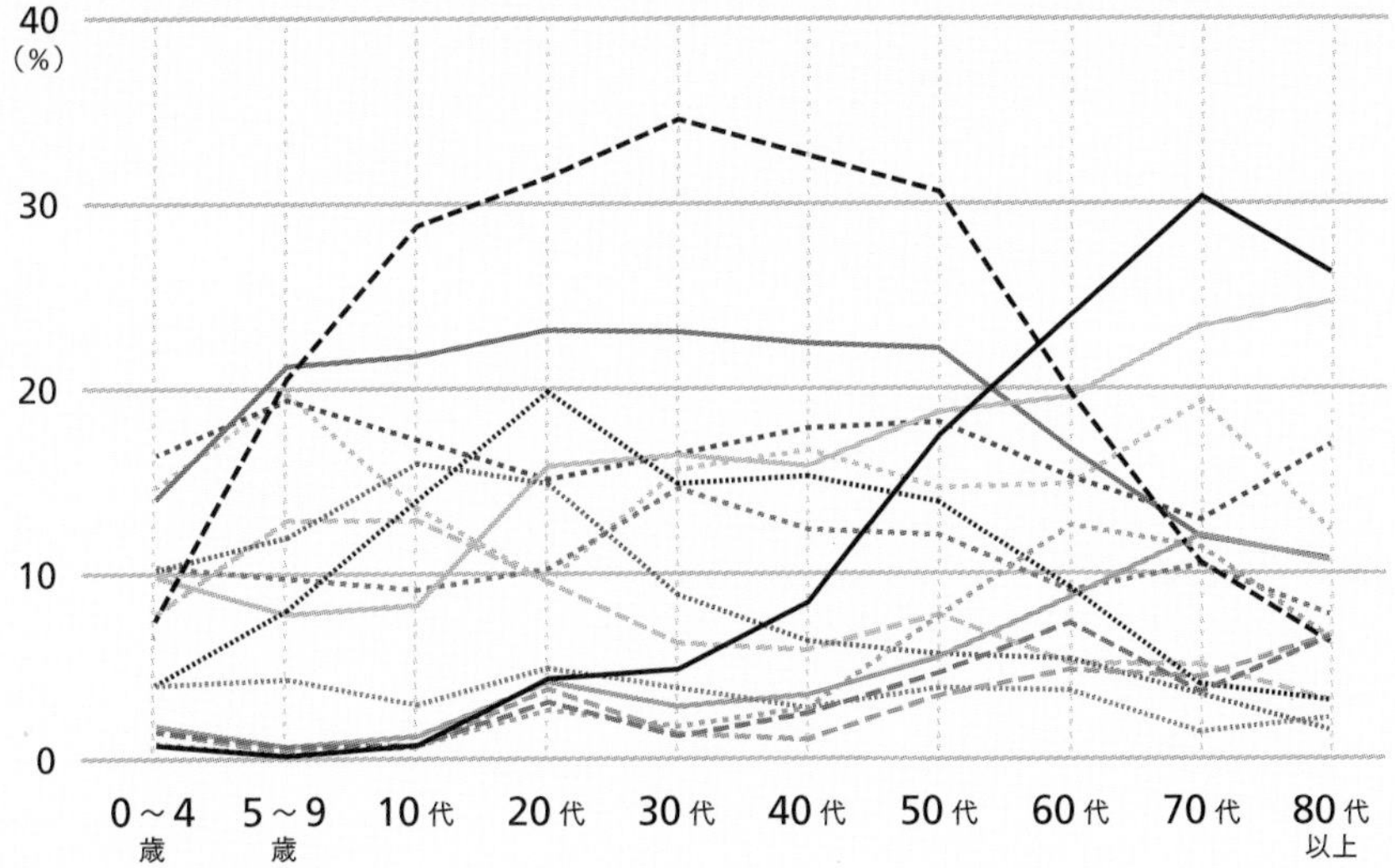

2万人を対象に実施したアンケート調査では、高断熱住宅に転居する前後の健康状態を尋ねた。グラフは、転居前に出ていた症状を年齢別に分類したもの

申告が非常に大事だと思っています。血圧などを測っても、その人が健康かどうかは分かりませんから。実際、「今、自分は健康です」と明言できる人が長生きをしているという調査もあります。ちなみに建物の断熱性能は、寝室の窓の仕様を手掛かりに推定しました。

湿度と健康状態との関係は、一年を通して湿度が高いと答えた方のほうが、不健康な傾向がありました。そうした家にはカビが発生している割合が高いということと関係があるかもしれません。

温度と健康に関してよく耳にするのが、「一年中快適な温熱環境で生活をすると体が弱くなる」という説です。しかし、それは生活習慣の問題で、体の耐性の問題ではありません。たとえば暖かい家で育った子どもが、寒い祖父母の家に遊びに行って風邪を引くことはよくあります。これは、たとえば風呂上がりにすぐに厚着をするなどの習慣がなく、いつもの暖

高断熱住宅に転居後の健康改善率

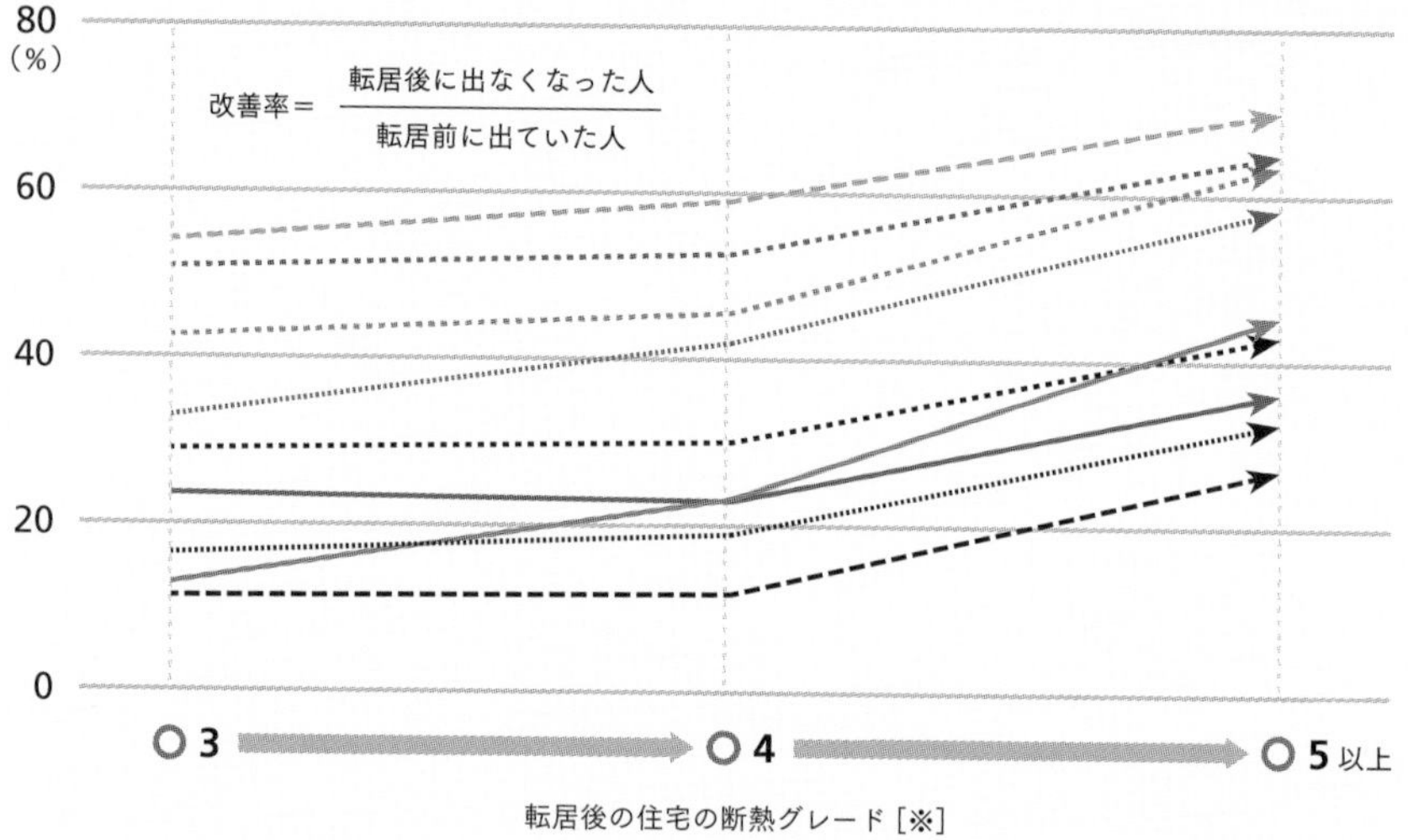

- 気管支喘息
- のどの痛み
- せき
- アトピー性皮膚炎
- 手足の冷え
- 肌のかゆみ
- 目のかゆみ
- アレルギー性結膜炎
- アレルギー性鼻炎

高断熱住宅に転居後、転居前の症状が出なくなった人の割合。どの症状も、断熱グレードが上がるほど改善されている。気管支喘息などの健康改善率は6割を超える

※：グレード3＝U_A値1.43W/㎡K（1992年省エネ基準レベル）、グレード4＝U_A値0.87W/㎡K（1999年省エネ基準レベル）、グレード5＝U_A値0.57W/㎡K

かい家での暮らしと同じように薄着で過ごしてしまうので、体調を崩してしまうのです。

子どもは暑さ・寒さに弱い

こうした温度が与えるストレスは年齢によっても大いに違います。特に発達段階の子どもは暑さや寒さには弱いのです。江戸時代や明治時代に子どもの死亡率が高かったのは、住宅の環境制御の技術が未発達だったことと密接な関係があると思います。その意味で、子育て世代は、自宅の断熱や温熱環境についてよく考える必要がありますね。

それは、プランにも関係してきます。たとえば子どもが小さいときに子ども部屋が必要かどうかということです。リビングやダイニングを中心にコンパクトに生活ゾーンがまとまったプランであれば、全館暖房をしなくても良好な温熱環境が

健康改善率に対する各因子の寄与割合

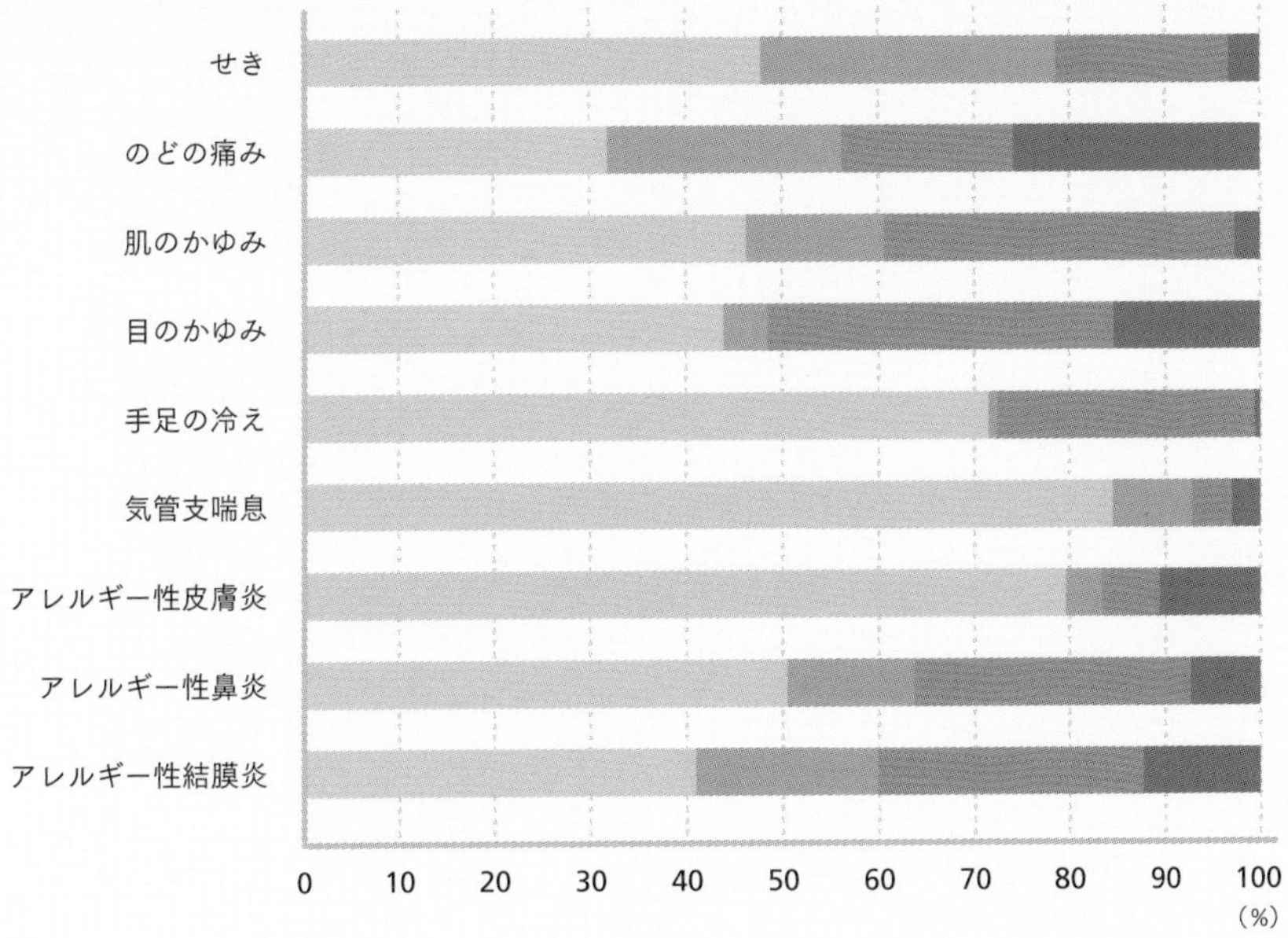

運動などの生活習慣と、高断熱化が、各症状の改善に寄与する割合を示したグラフ。多くの症状で、高断熱化による効果が生活習慣による改善率を上回っている

（資料提供：近畿大学建築学部）

つくれます。

同様に新築だけでなく、断熱改修も大切です。ただし、1棟まるまるだと費用的にも大変なので、私は「ゾーン断熱」という方法を勧めています。家族の生活に見合うようにプラン全体を見直し、リビングや浴室、寝室などの生活空間を集約し、そこを一体的に断熱化していく方法です。

この方法は費用対効果が高く、夏場にも効果を発揮しそうです。日射遮蔽を施したうえで、通風を考慮すると、建物の断熱は、省エネで快適性・健康性の向上というベストな答えになる。もちろん、エアコンを使うときにも、快適性や省エネに寄与するでしょう。

ビュユユユユユ
今日の風通し
すごくいいね！
ガタガタ
ギャー!!
何やって
んのよ！
台風のときは
開けなくて
いいのっ!!
通風に気を配ると
エアコンの使用時間を
減らせるよ！
でも
雨の日は
閉めてね！

3章

エアコン暖房の弱点をカバーする方法

部分空調と全館空調はまったく違う

人がいる部屋だけ暖めるより家全体を暖める暖房が快適で健康的です

昔の家では、ふすまや障子を用いて風を凌いでいました。当然ながら断熱・気密性能は低く暖房設備もないので、冬はいろりや火鉢で暖を取っていました。現在の家は、ある程度性能が上がったので、エアコンやファンヒーターで各部屋を暖める「部分空調」方式が一般的です。しかし、これは特定の部屋だけを暖める空調方式なので、暖房していない部屋や廊下は寒くなり、家のなかでも場所によって温度差が生まれてしまいます。そうすると、快適性は低くなり、寒い場所をなくすために各部屋にエアコンを設置する必要も出てくるので、光熱費も高くなります。また、部屋ごとの温度差は健康を損なう原因にもなります。

一方、北海道をはじめとする寒い地域では、家全体を効率的に暖める「全館空調」が一般的です。「全館空調」にすると、部屋ごとの温度差が小さくなるので快適性が高く、健康面のリスクも減らすことができます。寒い地域の人が冬でも家のなかで薄着でいられるのは、家全体を暖かくしているからなのです。快適性や健康面の観点からみると、寒い地域以外でも「全館空調」にすることが望ましいです。しかし、そのためには高い断熱・気密性能が必要になります。

全館空調が断然快適

部分空調と全館空調の違い

部分空調の家

各部屋にエアコンなどを設置して、部屋にいるときに運転し、いないときは消す。各部屋の扉はきっちり閉める。冷暖房機器を設置していない部屋との温度差が生じる

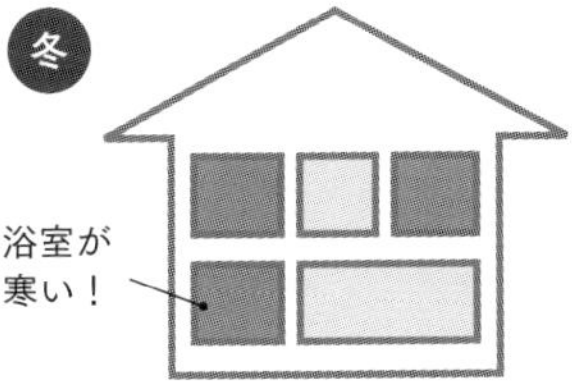
冬
浴室が寒い！

リビングや人がいる個室は暖かいが、トイレや浴室は寒い

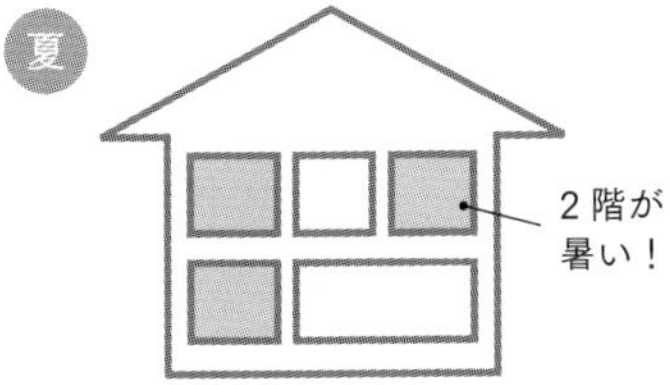
夏
2階が暑い！

リビングは涼しいが、人がいない2階個室は暑い

全館空調の家

家全体をエアコンなどで暖めたり、冷やしたりする。各部屋の扉は開け放し、冷暖房機器は温度設定をしてつけたままのことが多い

冬
どの部屋も暖かい！

家全体に暖房が行き渡り、温度差がなく暖かい

夏
どの部屋も涼しい！

家全体に冷房が行き渡り、温度差がなく涼しい

あっーー!!
もう1本
空いてる！
暖房じゃないし!!
暖まるぅ〜

豆知識

急激な温度差によって血圧が上下し、心臓や血管の疾患が起こることをヒートショックといいます。冬場に暖房の効いたリビングから暖房のない寒い洗面脱衣室に移動し、冷えた浴室で熱いお湯に浸かるときに起こりやすいといわれています。断熱性能が低い家で起こる可能性が非常に高く、注意が必要です。

暖房の方法には一長一短がある

床暖房は高価で、エアコンは安価だが使い方に工夫が必要です

1章で熱の伝わり方について説明しましたが、多くの暖房機器で利用されているのは、対流と輻射の原理です。

対流式暖房は、空気に熱を含ませることで、部屋の隅々まで熱を伝える方法です。ファンヒーターやエアコンがその代表例です。最近はエアコンの性能が上がっているので、エアコンを主暖房にする家が増えています。使い方次第では、イニシャルコストもランニングコストも低く抑えられる経済的な設備です。

輻射式暖房は、床暖房や温水パネルヒーターが代表的です。床暖房を主暖房にする場合は、高い温度に設定することができないので、家の断熱・気密性能を高くする必要があります。高温にできない理由は、床暖房の暖房面と体が直に接するためです。表面の温度が40℃を越えると低温やけどのおそれがあるため、低温で暖房する仕組みになっています。小さな熱量で暖めるために、高い断熱・気密性能が求められます。温水パネルヒーターは、ヨーロッパではよく見かける暖房機器です。壁面や窓の下に設置されることが多く、輻射熱で部屋を暖めます。空気を汚さないというメリットはありますが、輻射熱のため素早く部屋を暖めることはできません。

暖房方式の特徴とランニングコスト

対流式暖房と輻射式暖房

動く空気の性質を利用して部屋を暖める方法。暖かい空気は上に向かうので、床に近いところの温度が低くなる。断熱性能を高めると温度差を小さくできる。立ち上がりが早く光熱費が安い

赤外線が空間を通過し、熱伝導によって暖める方式。「輻射」を利用した代表的な暖房は床暖房や温水パネルヒーターで、温度ムラが少ないのが特徴。ただし、立ち上がりは遅め

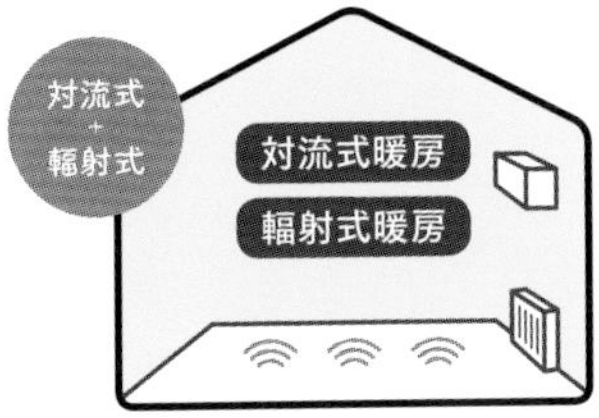

対流式暖房と輻射式暖房のメリットを両方生かそうと考えられた方法もある。機器や設置にコストがかかるが、温度差がなくなり快適性が向上する

豆知識

床暖房を採用する際に、床に無垢材が使えないことがあるので注意しましょう。その点、温水パネルヒーターは壁に設置するので、床材の制限はありません。

年間冷暖房エネルギー消費量（※）

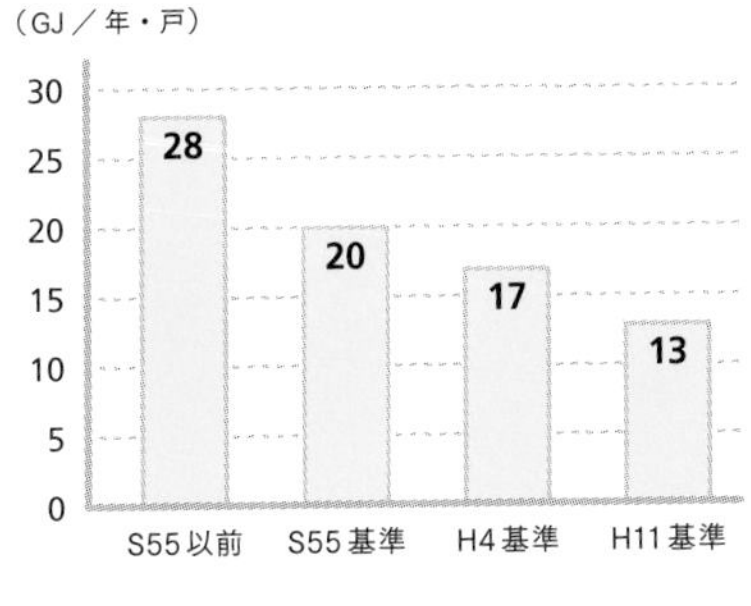

省エネ基準は、「エネルギーの使用の合理化に関する法律（省エネ法）」の制定に対応して、昭和55（1980）年に制定された。以降、平成4（1992）年、平成11（1999）年に改正され、求められる断熱性能は高まっている。表からは、断熱性能が上がったことにより、冷暖房効率がよくなっていることが読み取れる

※国交省が、一定の仮定をおいて試算
出典：国土交通省資料（省エネルギー基準改正の概要）をもとに作成

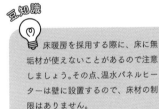

心地よくてお金のかからない暖房は？

高断熱・気密化すると全館暖房が可能になり、エアコンだけでも快適な環境になります

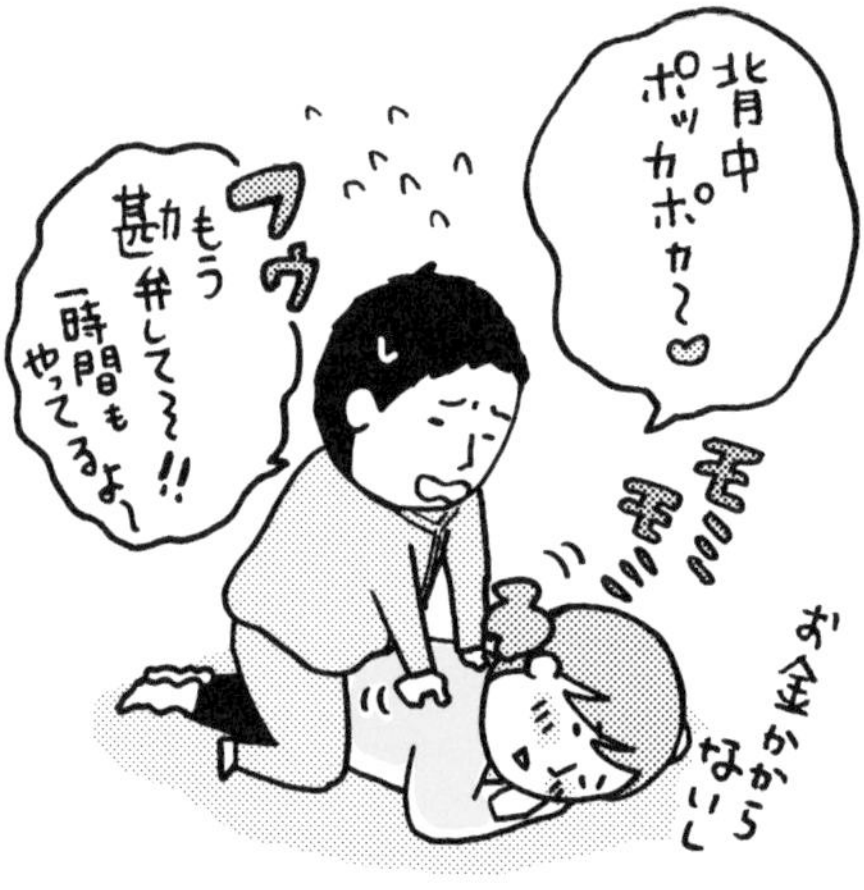

快適な環境とは、空気と、床や壁、天井の表面が適温で温度ムラがなく、気流感がない環境です。十分な断熱性能があれば、空気温度と壁や床、天井の表面温度の差は小さくなり、上下の温度ムラも小さくなります。そのうえで、効率のよい断熱方式を選びコストを抑えることが、快適な環境を持続するためには重要です。

まず、場所ごとの温度ムラをなくすためには、全館暖房かそれに近い暖房方式が望ましいです。全館暖房というと余計にコストがかかりそうですが、断熱・気密性能が高ければ光熱費はそれほどかかりません。

次に、エアコンで暖房をするときに連続で運転すると、より光熱費を抑えることができます。車を運転するときに、アクセルとブレーキを何度も踏みながら10km走るより、一定速度で10km走るほうが燃費がよいのと同じで、エアコンも連続で運転をしていたほうが燃費がよくなります。また、連続運転をしていると、床や壁、家具などに熱が蓄えられるので、室温を設定温度に保つためのエアコンの電力も少なくて済みます。例外もありますが、1日程度の外出なら暖房は切らずに運転したままのほうが、光熱費を抑えられます。

よりお得な暖房方法とは

部分間欠暖房と全館連続暖房のエネルギー比較

平成28年度基準からHEAT20 G3までの断熱性能で、部分間欠暖房（※）と全館連続暖房のエネルギーを比べた。部分間暖房の場合、断熱性能が高い家ほど少ないエネルギーで部屋を暖めることができる。全館連続暖房の場合、HEAT20 G3レベルの家は平成28年度基準の家で部分間欠暖房をするよりエネルギーが約40％少なくて済む　※各部屋で暖房を付けたり消したりすること

省エネレベル	6地域の場合の U_A 値（W/㎡K）	部分間欠暖房の暖房負荷増減率（平成28年度基準との比較）	全館連続暖房の暖房負荷増減率（平成28年度基準は部分間欠暖房のまま）
平成28年度基準	**0.87**	**100**%	**100**%
HEAT20 G1	**0.56**	約**30**%削減	約**50**%増加
HEAT20 G2	**0.46**	約**50**%削減	平成28年度基準と同等
HEAT20 G3	**0.26**	約**75**%削減	約**40**%削減

出典：2020年を見据えた住宅の高断熱化技術開発委員会　HEAT20「HEAT20　外皮グレード」

どの暖房機器が省エネか

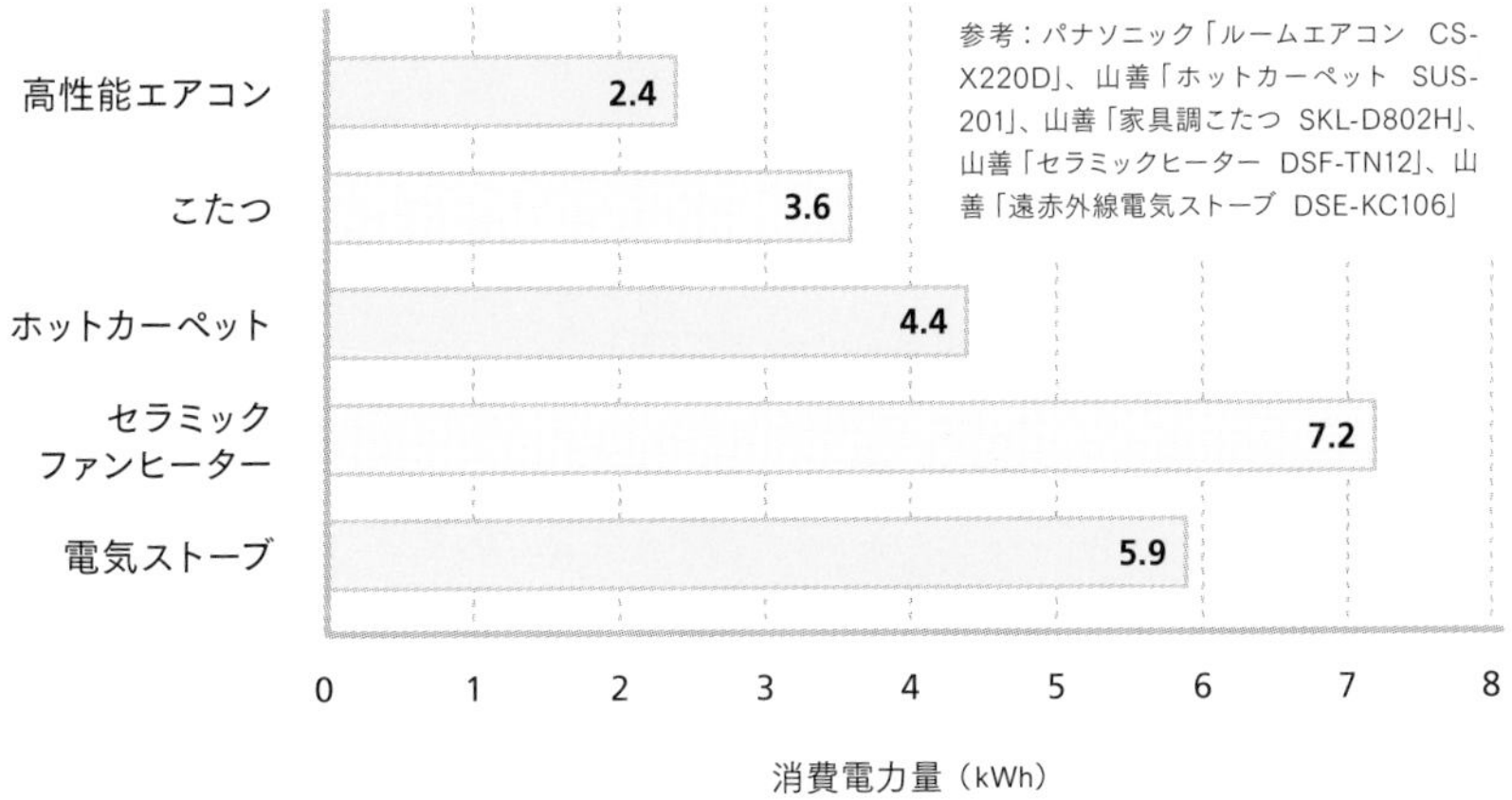

参考：パナソニック「ルームエアコン　CS-X220D」、山善「ホットカーペット　SUS-201」、山善「家具調こたつ　SKL-D802H」、山善「セラミックヒーター　DSF-TN12」、山善「遠赤外線電気ストーブ　DSE-KC106」

それぞれの暖房機器を6時間運転した場合の消費電力を示した。エアコンの消費電力が圧倒的に小さいことが分かる。コタツとホットカーペットは、使い方によっては省エネである

エアコンの性能はどんどんよくなっている

エアコン効率は地域によって変わりますが、最大7倍の効率で電気を使えます

エアコンにはヒートポンプという技術が使われています。空気中の熱を取り出す技術で、電気エネルギーを何倍もの熱に増幅させることができます。エアコンの運転効率をＡＰＦという指標で表します(63頁)。最新機器のＡＰＦは7.0を超えており、7倍の効率で電気を使えます。

エアコンのカタログに「〇畳用」という表記がありますが、これは東京の断熱性能があまり高くない建物が基準になっています。そのため、断熱・気密性能の高い住宅では、畳数が合っていてもオーバースペックとなります。また、寒冷地とはデータの測定条件が大きく異なるため、割り引いて考える必要があります。

エアコンの選び方は、前頁と同様に車でたとえると分かりやすくなります。スポーツカーは急加速する必要があるので、大きなエンジンを必要とします。軽自動車にはその必要がないので、小さなエンジンで十分です。それほど風量を必要としない連続運転をするのであれば、指数が小さいエアコンで十分です。

家の断熱・気密性能や日射条件、エアコンの使い方などによって、その家に適したエアコンの能力は変わってくるので、カタログの表記だけでなく、総合的な判断が必要です。

エアコンの仕組みと能力

冷房時のエアコンの仕組み

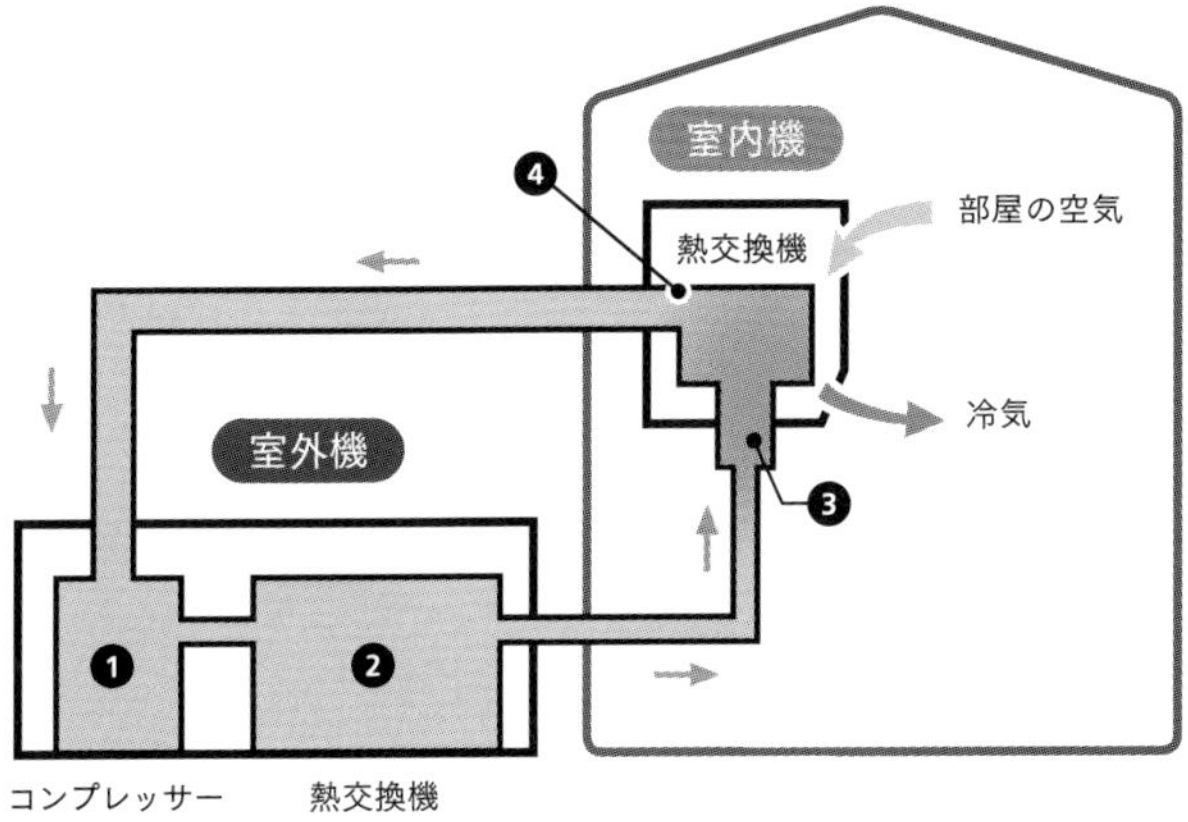

❶冷媒が圧縮される

❷冷却される

❸冷媒が液体になる

❹室外機側の熱交換機によって、暖められた冷媒は再び気体になる

圧力を下げられて気化しやすくなった液体は室内機の熱交換器に入り、蒸発して周囲の熱を奪う。そこを通過した風は冷たくなる。ここで低温低圧になった気体は室外機の圧縮機に戻り、同じ動作を繰り返す

高性能エアコンの能力

	暖房	冷房
畳数の目安	**6～7畳** (9～11㎡)	**6～9畳** (10～15㎡)
能力(kW)	**2.5** (0.3～5.7)※1	**2.2** (0.4～3.4)
消費電力(W)	**440** (105～1,480)※2	**425** (110～780)

一般的に暖房のほうが適用畳数が小さいため、効率よくエアコンを使用するためには、冷房よりも暖房の数値を目安にして選ぶとよい。ただし、性能の高い住宅の場合は設計者に相談しながら選びたい

出典：パナソニック「ルームエアコン CS-X220D」

※1　括弧内の数値は、能力の範囲を表している

※2　括弧内の数値は、最小出力運転時と最大能力運転時の消費電力を表している

豆知識

APF（Annual Performance Factor）は JISで定める一定の運転環境で、1年間エアコンを運転したときの、消費電力1kW当たりの冷房・暖房能力を表します。数値が大きいほど高性能で、実際の使用状態に近い省エネルギー性の評価が可能です。

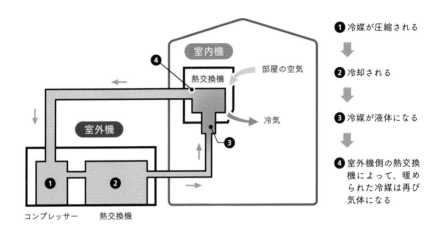

暖房と加湿をセットで考える

エアコンだけで暖房すると空気が乾燥するため加湿が必要になります

エアコン暖房を考えるとき、併せて考えたいのが加湿です。特に、冬場の太平洋側の地域は低気温・低湿度なので、外気を取り入れて室内を暖めると過乾燥状態になります。快適な環境をつくるためには、19頁の空気線図を参考にして加湿をするとよいでしょう。

乾燥は、断熱性能が高いからこその悩みでもあります。昔の家はいろりや火鉢などを使った採暖方式が主流だったので、空気の乾燥を気にすることはありませんでした。現在も、エアコンとファンヒーターを併用すれば、ファンヒーターから水蒸気が発生するので乾燥しづらくなります。断熱性能が高い家では、エアコンだけで暖房可能になるため乾燥しやすいのです。

加湿するだけなら加湿器のような機械に頼らずに生活上の工夫次第で、賄うことができます。洗濯物を干す、観葉植物を置くなど、方法はさまざまです。光熱費もかかりません。最近は、自動加湿機能を備えたエアコンもありますが、その分イニシャルコストはかかります。ちなみに、気密性能が低いと冬場の乾燥した外気が入ってきてしまい加湿が必要になるので、気密性能を上げることは湿度調整の点でも有効です。

乾燥しない室内環境

機械に頼らない乾燥対策

冬は室内が乾燥しないようにすることで、より快適な環境をつくることができる。簡単な乾燥対策は、湯船にお湯をためた状態で浴室のドアを開けておくことや、洗濯物を室内で干す、観葉植物を置くことなどでできる。そのほか、調湿効果がある自然素材の漆喰や珪藻土、無垢材などを内装材として使用することも有効。加湿器などの機械に頼らない工夫をして、無駄な光熱費を削減したい

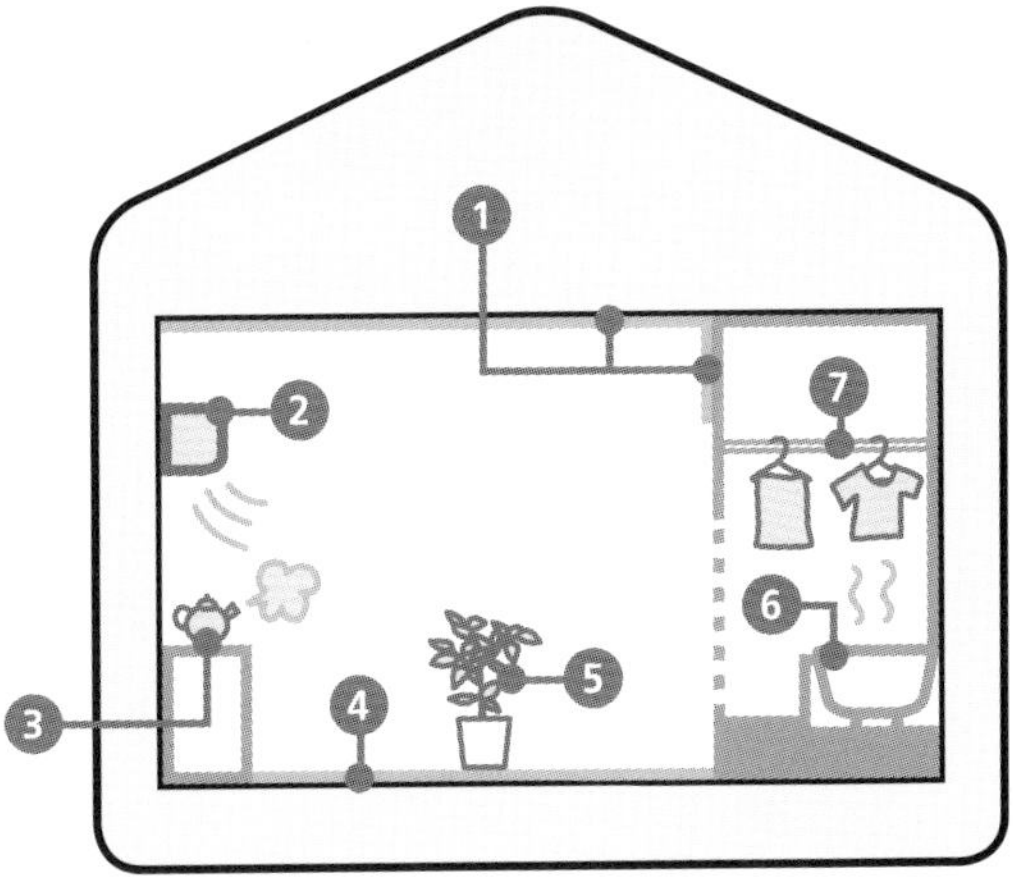

❶漆喰・珪藻土

天井や壁に調湿性のある漆喰や珪藻土を使う

❷エアコン

加湿機能付きのエアコンを使う

❸調理器具

フタをしていない状態で、鍋の水を沸騰させた場合、1時間1,400～1,500gの水蒸気が発生する。コーヒーメーカーでは、1時間500～700gの水蒸気が発生する

❹無垢材

床に調湿性のある無垢材を使う

❺インテリア

観葉植物を部屋に置くと、種類や大きさにもよるが1日あたり100gの水蒸気が発生する。熱帯魚、金魚などの水槽からは、1日あたり10～200gの水蒸気が発生する

❻入浴時

シャワーを使用すると1,000～1,500gの水蒸気が発生する。また、浴槽に湯をためている状態では1時間ごとに500～1,000gの水蒸気が発生する

❼その他

洗濯物を干す

豆知識

空気が乾燥すると健康にも影響ができます。鼻やのどなどの呼吸器系粘膜は乾燥していると働きが悪くなるため、インフルエンザや風邪にかかりやすくなります。お肌の乾燥も気になります。40～60%の理想的な湿度を保つようにしましょう。

エアコンを生かすには蓄熱が大切

躯体に熱を溜めると急激な温度変化が減ります

快適で省エネな暖房を考えるとき、無視できないのが蓄熱です。文字通り「熱を蓄える」性能のことで、床や壁、天井などにたくさんの熱を蓄えれば、室内の温度が変化しづらくなります。

蓄熱の性能は熱容量で表します。具体的には、建物の構成要素のうち断熱材より室内側にあるものの温度を、1℃上昇させるために必要な熱エネルギーのことです。この蓄熱と断熱性能をセットで考えると、快適で省エネな暖房方法に近づきます。

蓄熱を利用すれば、寝る前に暖房を止めても朝まで部屋が暖かいままなので、気持ちよく1日をスタートできます。冬場は、朝から昼にかけて日射を取り入れ、夜はエアコン暖房に切り替えれば、蓄熱のメリットを十分に生かせます。また、日ごとの気温差が大きい季節の変わり目でも、外気の温度変化の影響を受けにくいので、体調を崩しにくくなります。

ただし、夏から秋の変わり目に冷房が必要ないほどの外気温になっても蓄熱と断熱性能の影響で、引き続き冷房をする必要がある場合もあります。それを加味しても、外気温に影響されない住環境のほうが、快適であることには変わりありません。

断熱と蓄熱の関係

性能レベルによる温度変化の違い

外気温度（点線）
室内温度（実線）

断熱性能が低い家

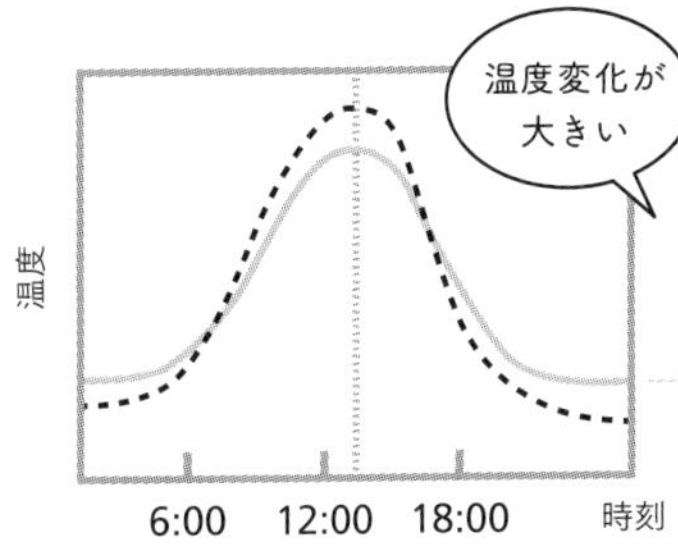

断熱性能が低いと就寝前に暖房を切ると、外気温の影響を受けて室温も下がってしまう

断熱性能が高い家

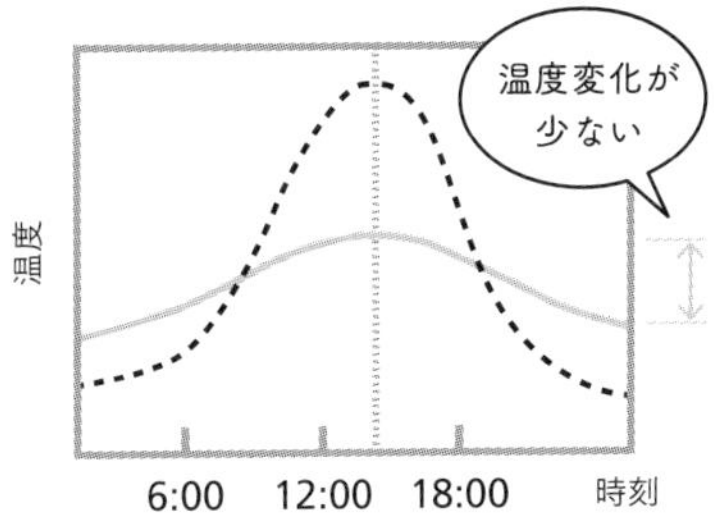

断熱性能が高い家で就寝前に暖房を切っても、朝はほとんど温度が下がらない

主な材料の容積比熱と有効厚さ

材料		有効厚さ（m）	容積比熱（KJ／㎥・℃）
コンクリート	普通コンクリート	0.20	2013
	軽量コンクリート	0.07	1871
左官材料	モルタル	0.12	2306
	漆喰	0.13	1381
	スギ	0.03	783
	ヒノキ	0.03	933
	合板	0.03	1113
石膏など	石膏ボード	0.06	854
その他	タイル	0.12	2612

出典：自立循環型住宅へのガイドライン

エアコンで足元を暖められるか？

どんなに部屋の温度が高くても、足元が寒いと暖かく感じません

ここまで暖房について考えてきましたが、残る課題は足元の冷たさです。日本人の生活様式では家にいるときは靴をぬぐので、足裏の熱が直接床に奪われていきます。そこに室内の上下の温度ムラも加われば、さらに足元が冷えやすくなります。

靴をぬぐ日本人の生活様式に合っているのが床暖房です。床暖房を取り入れることでエアコンの設定温度を下げることができ、頭寒足熱となり快適性が向上します。また、エアコンのみを使用するときよりは乾燥を抑えられます。最近では、床下にエアコンを設置して暖める「床下エアコン」という方法もあります。暖かい空気は上に向かう性質があるため（12頁）、上部に設置するより温度ムラが小さくなります。床面も暖まり、温風も当たらないので不快感が少ない、というのも特徴です。床材を選ばないので、採用されるケースが増えています。

もう少し簡易に温度ムラを減らす方法に、天井ファン（シーリングファン）があります。天井の近くに溜まりがちな暖かい空気を、ファンの力で下のほうに送り込んで冷たい空気と撹拌することで、温度ムラをある程度改善できます。天井ファンは夏場も活躍します。

天井ファンで足元を暖める

エアコンの温度分布と天井ファンの効果

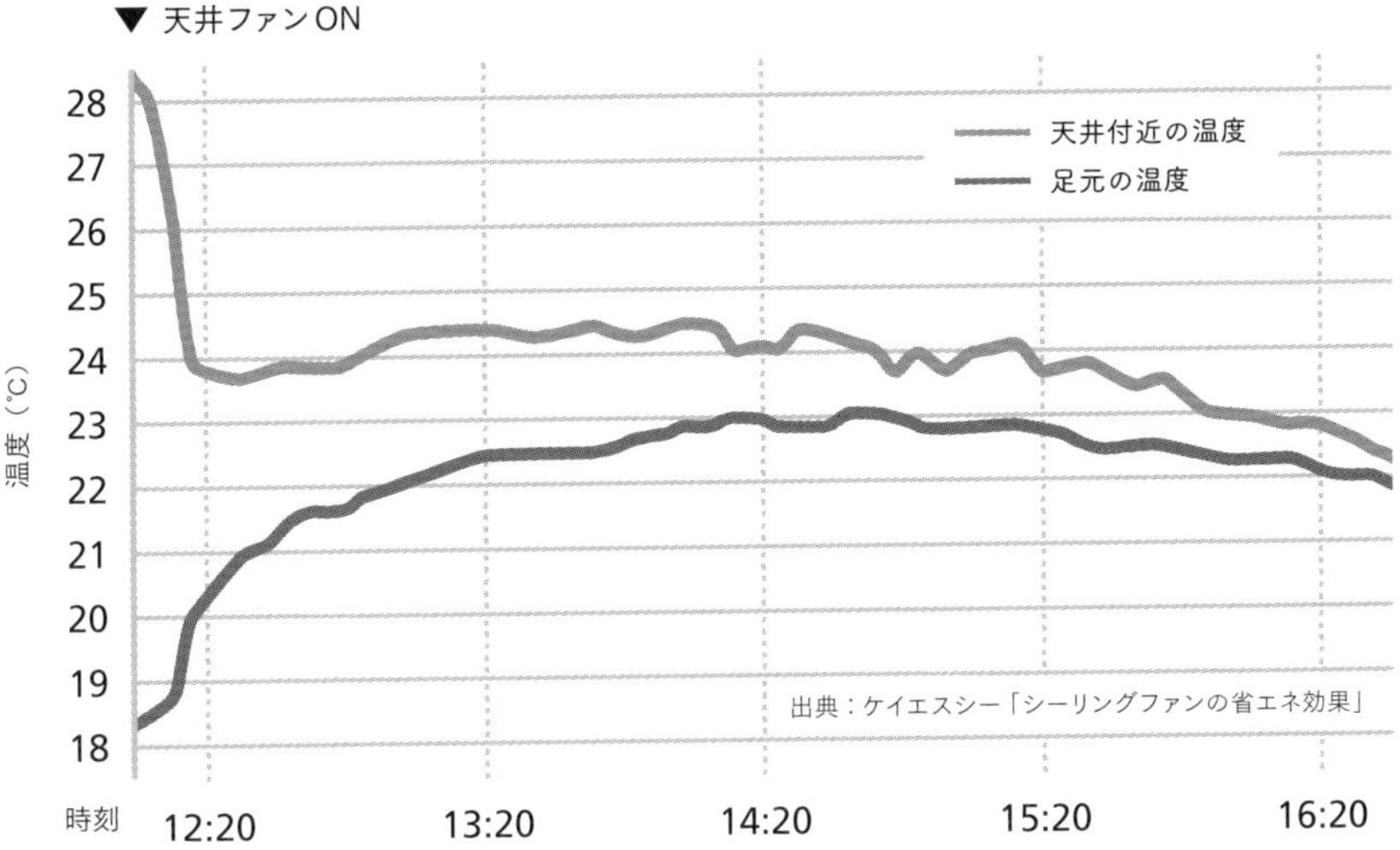

出典：ケイエスシー「シーリングファンの省エネ効果」

エアコンの設定温度を28℃で約4時間暖房すると、天井付近は28℃、足元は18.4℃で9.6℃の温度差が生じている。エアコンの設定温度はそのままで、天井ファンを回し約4時間経過すると、天井付近は24.5℃、足元は22.9℃で温度差が1.5℃まで小さくなったことが分かる

天井ファンの効果

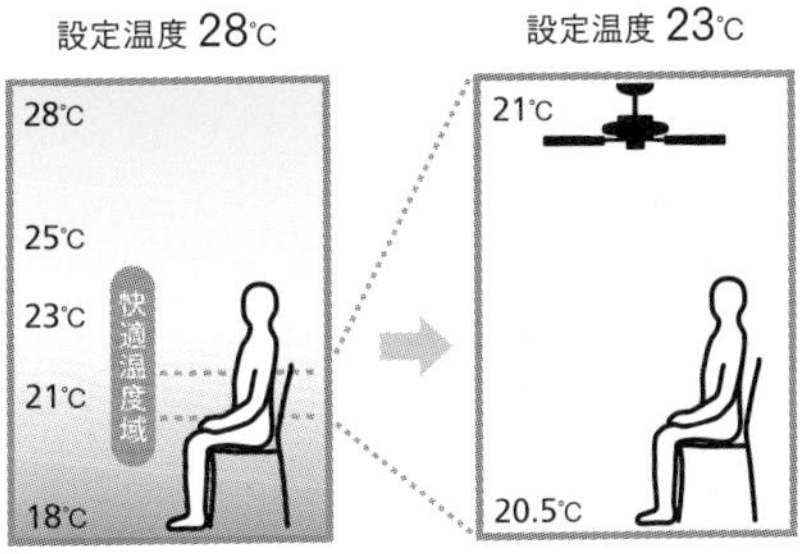

下半身が寒く感じる

全身快適に感じる

天井ファンにより、足元にも暖かい空気が回るので、エアコンの設定温度を低くすることができる

豆知識

床下に向けて吹き出された暖気は、床下を通って各部屋の吹き出し口から部屋のなかに流れていきます。同時に基礎や床は輻射熱で暖められます

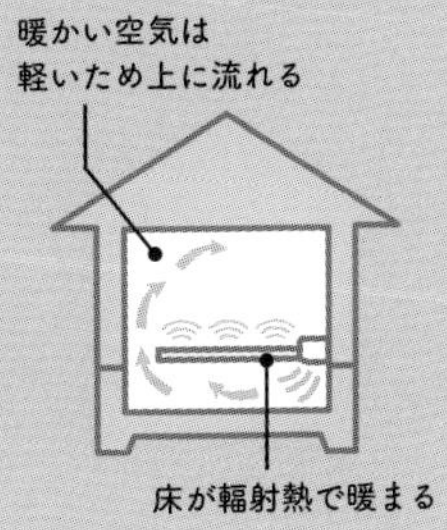

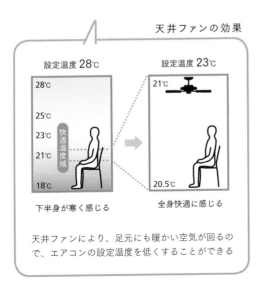

4章

エアコン冷房を使いこなす方法

○畳用はあてにならない

断熱・気密性能の高い住宅では、「○畳用」の表記よりも小さな能力で十分にまかなえます

エアコンを家電量販店で購入するときに目安になるのが、カタログに記載された「○畳用」という表記です。62頁でも簡単に説明したように、これは東京にある断熱性能があまり高くない家を基準に、JISに沿って計算されています。

しかし、建物の断熱性能や日射の入り方などは、家によって異なります。特に最近の家は断熱・気密性能も上がってきているので、この「○畳用」という表記だけを参考にしてエアコンを選ぶと、必要な能力の倍以上の能力を持ったものを買う羽目になってしまいます。家の性能に見合っていないエアコンを使うと、エ

必要なエアコンの能力を決めるには

一般的なエアコンの能力の算出基準

出典：ダイキン工業「インバーターエアコンの性能について」

冷房能力ランク（Kw）	2.2	2.5	2.8	3.6	4.0	5.0	5.6	6.3	7.1
畳数（畳）	6	8	10	12	14	16	18	20	23

上表は、以下の条件で算出されている
●外気温度：東京をモデル　●期間：冷房 4.3カ月（5月23日～10月4日）、暖房 6.8カ月（11月8日～4月16日）　●時間：18時間（6時～24時）　●住宅：JIS C9612による平均的な南向きの木造住宅　●設定温度：冷房時27℃／暖房時20℃

部屋の広さと必要な暖房・冷房の能力

出典：「自立循環型住宅への設計ガイドライン」

（単位：kW）

断熱レベル（熱損失係数）	6畳間（9.72㎡）		8畳間（12.96㎡）		10畳間（16.2㎡）		15畳間（24.3㎡）	
	暖房	冷房	暖房	冷房	暖房	冷房	暖房	冷房
レベル1※1（1.42W/㎡K）	2.5	1.5	3.2	2.2	4.0	2.7	6.0	4.0
レベル2（1.09W/㎡K）	1.5	1.0	2.6	1.8	3.2	2.3	4.8	3.4
レベル3※2（0.87W/㎡K）	1.0	1.0	2.0	1.4	2.4	1.7	3.6	2.6
レベル4（0.65W/㎡K）	1.0	1.0	2.0	1.4	2.4	1.7	3.6	2.6

※1　平成4年省エネルギー基準相当
※2　平成11年省エネルギー基準相当

ネルギーの効率が下がってしまうので注意が必要です。

実際、冷房能力への影響が大きいのは部屋の大きさではなく、建物の断熱性能や日射遮蔽のほうです。新築やリフォームに際してエアコンを購入する場合は、断熱性能や日射の影響などを考慮した必要な能力を、設計者に計算してもらい参考にするとよいでしょう。また、エアコン以外の冷暖房機器を導入する場合は、併せて計算してもらいましょう。

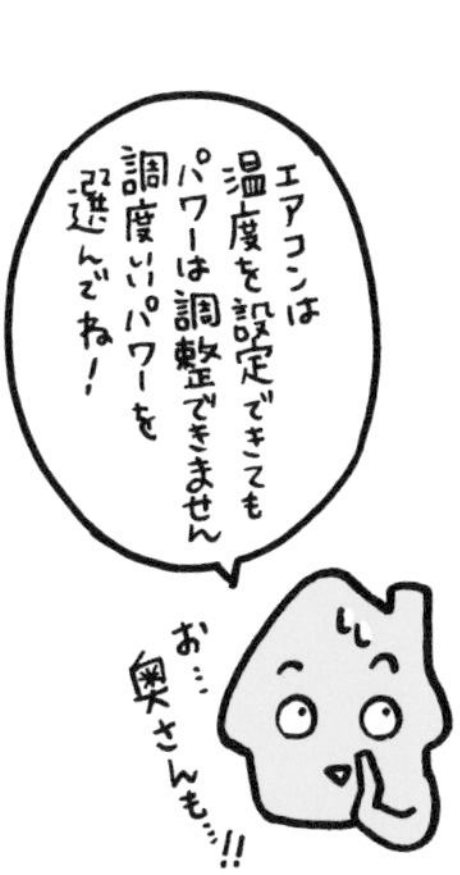
エアコンは
温度を設定できても
パワーは調整できません
調度いいパワーを
選んでね!
お…奥さんも…!!

エアコンなしでどれだけ我慢できる？

性能の低い家ではエアコンを止めると室温はすぐ上がり、快適な時間は30分以下です

東日本大震災直後に夏の電力不足が心配されましたが、近年では省エネの動きもあり取り上げられることは少なくなりました。しかし、電力不足まではいかないにせよ、7月～9月の午後、13時～16時は電力のピークとなることから、この時間帯の電力料金単価は通常より高く設定されています（※）。

エアコンを使用する場合、この時間帯をどう過ごすか考えることが重要です。エアコンを止めてしまうと、快適でいられる時間は30分もないことが、過去の実験から分かっています。

この問題を解決するには、まずは日射

夏場の設定温度の調査結果

平均設定温度

年代	20歳代	30歳代	40歳代	50歳代	60歳代	全体
男性	**25.1**℃	**25.5**℃	**26.0**℃	**25.6**℃	**25.9**℃	**25.6**℃
女性	**25.5**℃	**25.8**℃	**26.1**℃	**26.4**℃	**26.5**℃	**26.1**℃

出典：2019年ダイキン工業「第25回 現代人の空気感調査」

世代別の平均設定温度をみると、すべての年代で女性のほうが設定温度が高い

夏場のエアコンの設定温度

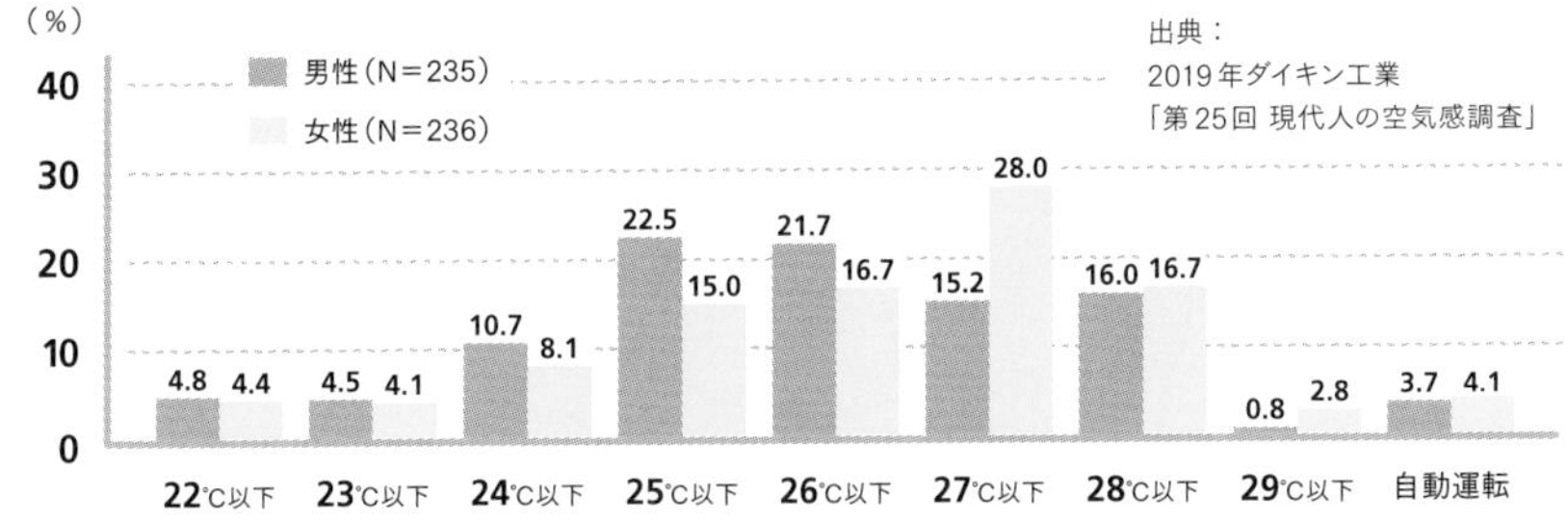

男女別にみた夏場の設定温度では、男性は25℃（22.5%）、女性は27℃（28.0%）が最多であった

を入れない工夫をします。そして、家電などをこまめに切り、発熱を減らします（84頁）。しかし、ここまでしても日中にエアコンなしで過ごすのは厳しいでしょう。そんなとき太陽光発電が活躍します。日射の強いこの時間帯は太陽光発電のピークでもあります。その電力を利用すれば、電気代への気兼ねはいりません。太陽光発電のパネルは屋根を覆って日よけの役割も果たすので、屋根面を通じて入ってくる日射熱を減らしてくれます。

※東京電力の場合

エアコンは連続運転がお得

断熱性能の高い建物では連続運転すると15％以上光熱費が安くなります

前章でも解説しましたが、日本人にとって馴染みが深いのは、連続運転ではなく間欠運転です。そのため、エアコンをこまめにオン・オフすることが、省エネになると考える人は多いようです。たしかに、断熱性能や気密性能が低い家ではそのほうが省エネになります。しかし、断熱性能が高い家では違います。

たとえば、関西電力が行った実験にこういうものがあります。外気温度を35℃（一定）として、室内はエアコンを設定温度28℃で冷房運転します。室温が安定した状態から60分間エアコンを停止し、再度設定温度28℃で60分間運転します。

連続運転が省エネになる理由

連続運転と間欠運転の消費電力の違い

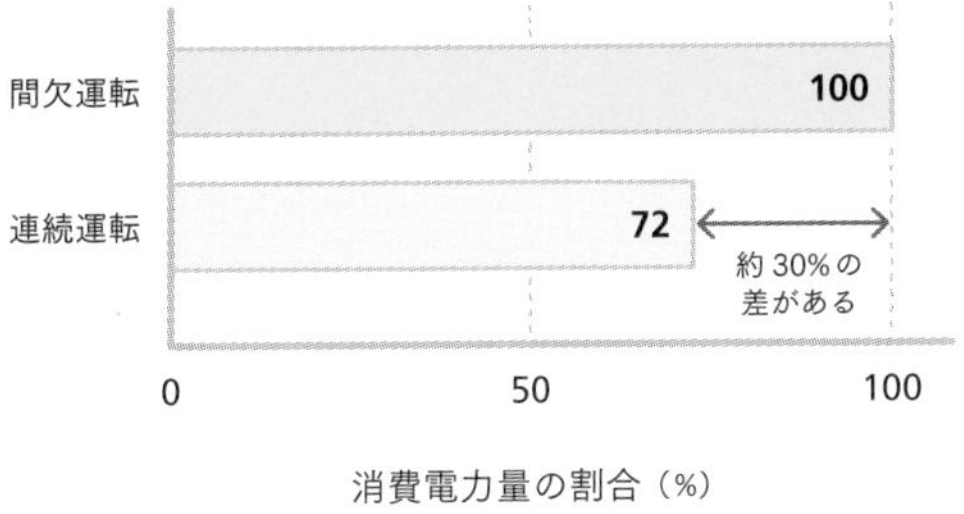

エアコンは、運転時に消費電力が最も多くかかるため、連続運転させた方が間欠運転させたときより消費電力が小さいことが分かる

出典：
「家庭用エアコンの連続運転と間欠運転の省エネ性比較」村上洋介（関電）、北原博幸（トータルシステム研究所）、第30回エネルギーシステム・経済・環境コンファレンス講演論文集，pp.493-496（2014年）

エアコンの立ち上がり時の消費電力

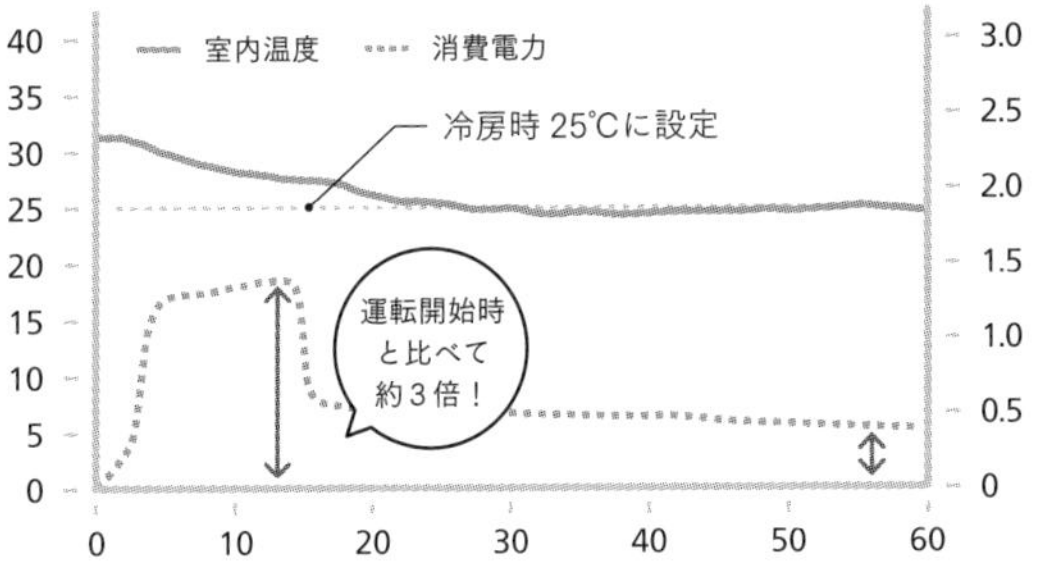

エアコン運転開始の最初の数分は、非常に消費電力が上がる。設定温度になり、室内を一定温度に保つ段階になると、消費電力はほとんどかからない

出典：
東京電力「冬の電気の上手な使い方」をもとに作成

運転時間は合計で120分です。このときの消費電力を測ると、エアコンを停止せずに120分間連続運転した場合と比べて、消費電力量は24％多くなりました。似たような実験は他にもいくつかありますが、いずれも連続運転のほうが省エネだという結果になっています。

その理由は、立ち上がり時の電力消費量にあります。エアコンは立ち上がるときに、安定時の5～6倍もの電力を消費します。そのため、オン・オフした分だけ多くの電力を消費することになります。断熱性能が高い家では、連続運転のほうがお得なのを覚えておきましょう。

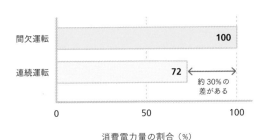

エアコンと扇風機を併用する

扇風機は冷たい空気を攪拌し、温度ムラを減らすように使うと省エネになります

東日本大震災直後に電力不足が問題になってから、扇風機の省エネ性能に注目が集まるようになりました。扇風機の消費電力は数ワットから数十ワットと小さいので、エアコンの弱点を補うように使えばエアコンの省エネにもつながります。

エアコンの消費電力を抑えるためにもっとも有効な手段は、設定温度を上げることです。適度な風が体に当たるように扇風機を使うことで、体感温度が下がり、エアコンの設定温度を上げることができます。一番手軽な方法は、消費電力が3～4ワット程度と小さく、微風運転が得意な扇風機を使うことです。通常の

エアコンに扇風機を併用するとより省エネに

エアコンと扇風機の併用

冷房時は扇風機によって、下に溜まった冷気を上部に移動させる。扇風機はできるだけ低い位置に置くようにして、上向きに風を送る。壁に風が当たるように置くのが理想的。壁にぶつかった空気は上に流れる

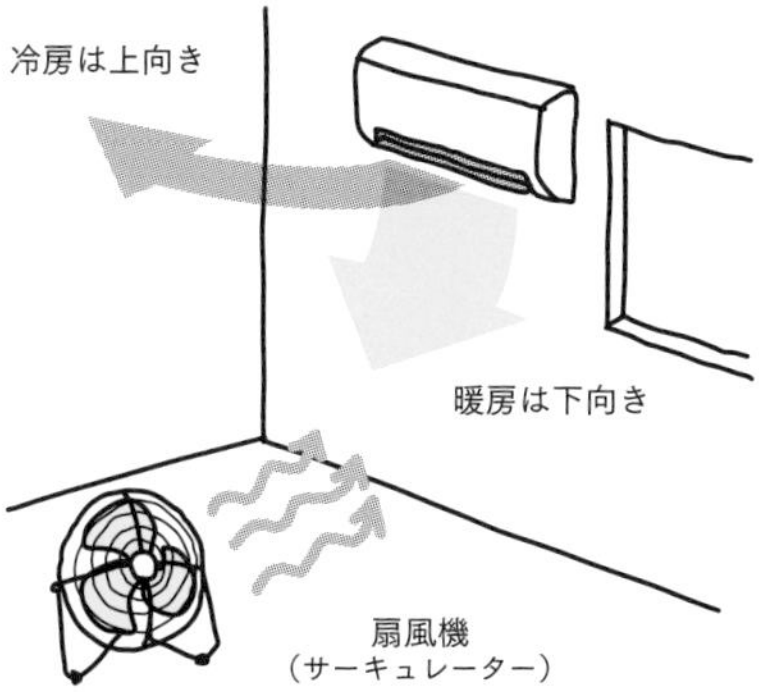

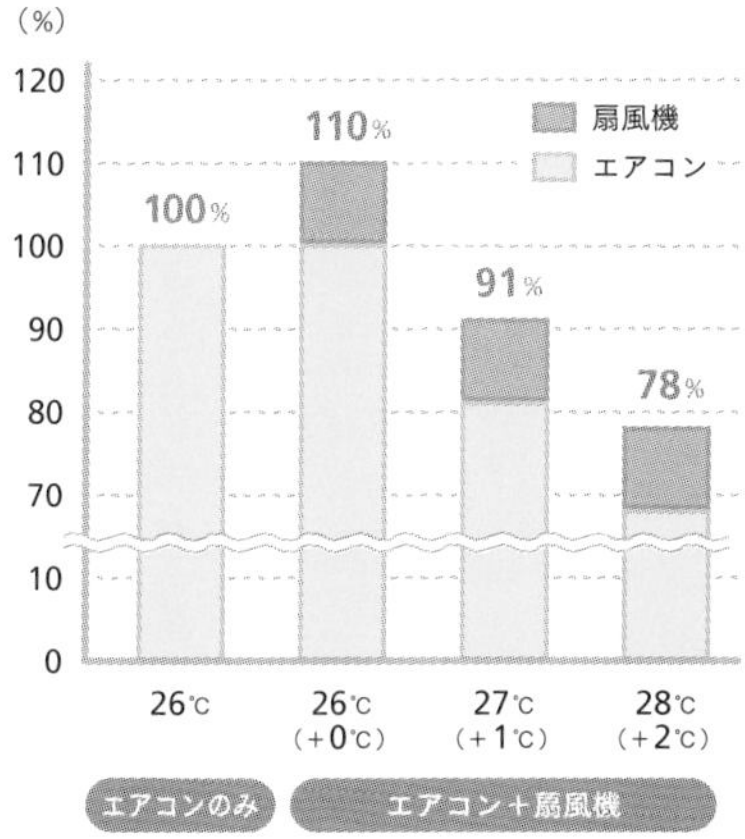

扇風機を併用したときの消費電力

設定温度26℃でエアコンを使用したときの消費電力を100とした場合、設定温度を1℃上げて扇風機を併用すると、合計の消費電力で9%、2℃上げると22%、省エネになる。扇風機の風があるため、設定温を上げても涼しく感じる

出典：東京電力『エアコンの「冷房」と「除湿」の上手な使い方』調査より

扇風機よりもずっと風が弱いので、体に直接当たっても不快感はありません。ただし、扇風機自体が2〜3万円と比較的高価になってしまいます。

ほかにも扇風機をうまく使って省エネを実現する方法があります。性質上低いところに溜まりやすい冷気を、低い位置に置いた扇風機で撹拌するという方法です。エアコンの温度センサーは本体についているので、床に近いところだけが冷えても、エアコンはそのことに気づかずに部屋の空気を冷やし続けます。扇風機で空気を撹拌するとそのズレが小さくなり余計な電力消費を抑えられます。

熱帯夜を乗り越える

断熱・気密性能が高い家は、熱帯夜の夜も快適に過ごすことができます

夏場にエアコンをつけたまま眠ると、起き抜けに体が重い、だるいなどの倦怠感を感じることがあります。だからといって、暑さで夜中に目を覚ましたり、暑くて寝つけず寝不足になりたくはないので、エアコンをつけたまま就寝する人も多いと思います。暑さを我慢してしまうと、夏バテのような症状がでたり、就寝中に熱中症になってしまうこともあるので、就寝時のエアコンとの付き合い方はとても重要な問題です。

断熱・気密性能の高さは、就寝時にも強い味方になってくれます。エアコンを高い位置に設置し、体に直接冷気が当たらない風向きで微風を吹き降ろすようにします。そうすると、風があたって体が冷えることもありません。就寝中も連続運転を行えば、省エネにもつながります。

また、湿度を快適な状態に保つことも快適な睡眠には欠かせません。気密性能が高いと隙間から出入りする外気に含まれる水蒸気の影響が減るため、湿度をコントロールしやすくなります。

昼間に窓から入る日射熱が室内にこもらないようにすることも大切です。ブラインドや遮熱タイプのガラス、グリーンカーテンなどを用いて日射遮蔽を行いましょう。

熱帯夜の実態と理想的なエアコンの使い方

就寝時に感じた不快感のアンケート調査

（暑くてなかなか寝付けないことがありますか）

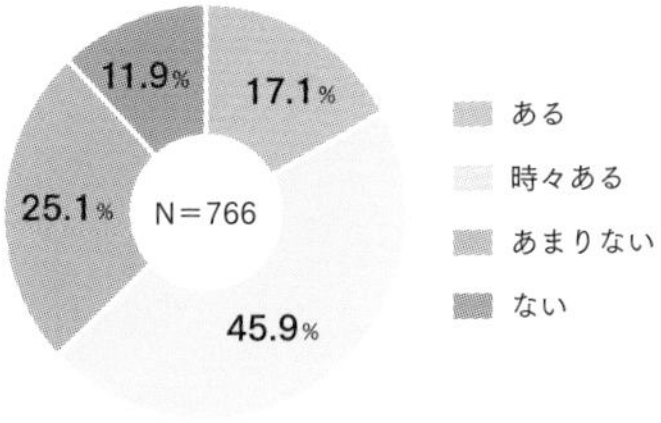

（暑くて夜中に起きてしまうことがありますか）

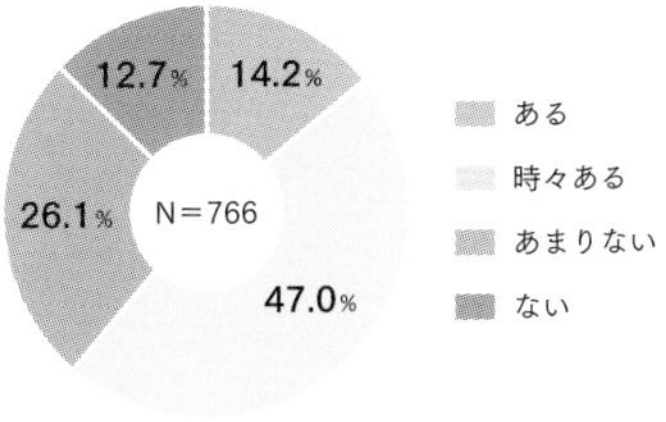

（夜のエアコンの使い方）

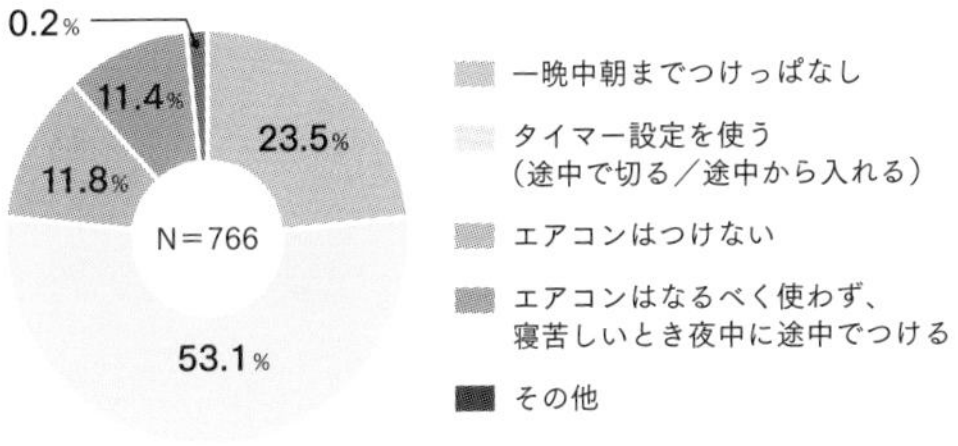

多くの人が就寝中になんらかの不快感をもっていることが分かる。家の性能が伴っていないと、エアコンのタイマーが切れた後に室温が上昇し、寝苦しくなったり、エアコンをつけっぱなしにしているため寝冷えをしてしまったりする

就寝時の理想的な温度と湿度

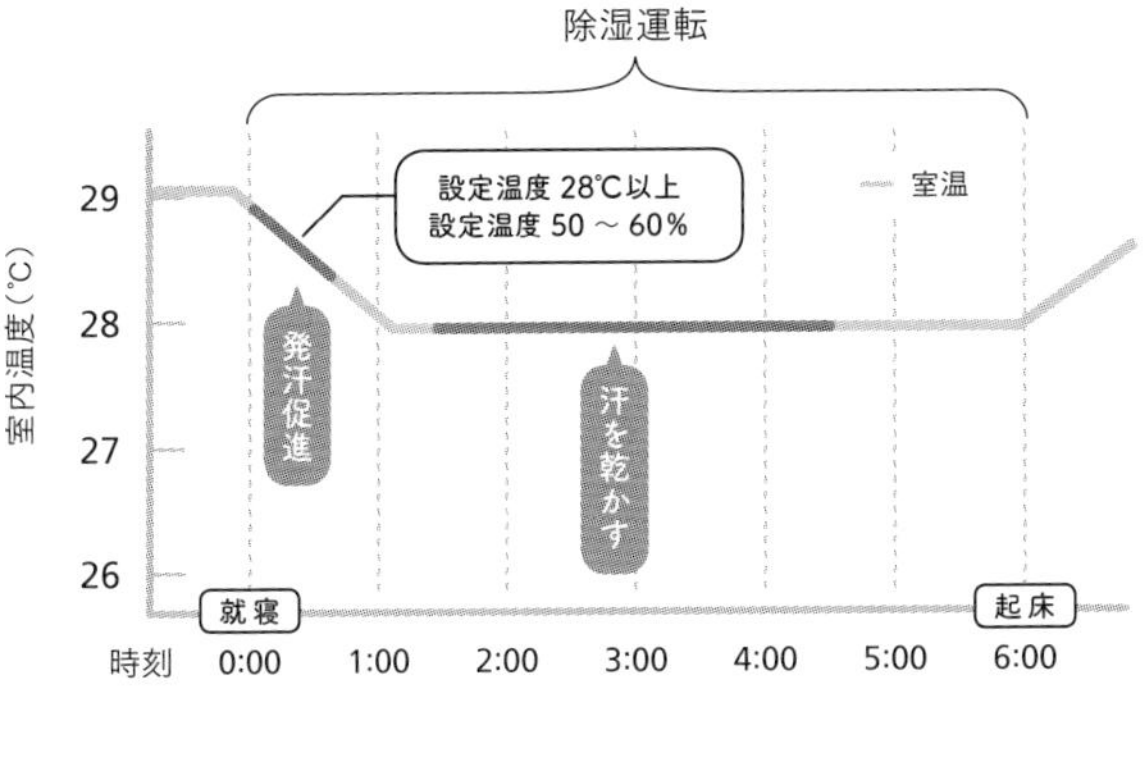

就寝中の理想的な温度は28℃以上、湿度は50～60%程度である。この状態を保つためには、断熱・気密性能が高い家で、エアコンを24時間運転させることが望ましい

出典：
ダイキン工業
「熱帯夜の困りごとと解決方法」

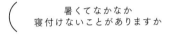

除湿はどこまで効果がある？

除湿は排熱を利用した再熱除湿機能付きのエアコンを使うことでもできます

除湿モードは省エネとは限りません
ギュー
汗がこんなに

夏場、暑くて不快だからとエアコンの設定温度を下げたら、今度は寒くなりすぎたので設定温度を上げ、また暑くなって温度を下げる、そんな経験をしたことはないでしょうか？　実はその問題を解決するヒントは、温度ではなく湿度にあります。エアコンを使って温度と湿度のバランスをとれば、部屋の温度をあまり下げずに快適な環境をつくることも可能です。そこで、除湿モードが活躍します。通常運転でも温度と湿度を同時に下げることはできますが、前述したように寒くなりすぎる恐れがあります。

一般的なエアコンの除湿モードでは、湿度の高い室内の空気を吸い込み、エアコン内の電熱線（ヒーター）で温めてから戻します。そのため、電気エネルギーを大量に使い光熱費が上がります。

なかには、「再熱除湿」機能が付いたエアコンもあります。再熱除湿では、室内の空気を吸い込み温度と湿度を下げた後に、エアコンの排熱を利用して温度を上げて室内に送り込むので、部屋の温度を下げずに除湿することができます。

他にも、日射や除湿器を使った除湿方法もあります。エアコンだけで除湿をするのか他の要素と組み合わせるのか、生活スタイルに合わせて選択しましょう。

エアコンの除湿機能とその効果

エアコンの除湿モード

（ 除湿量の比較 ）

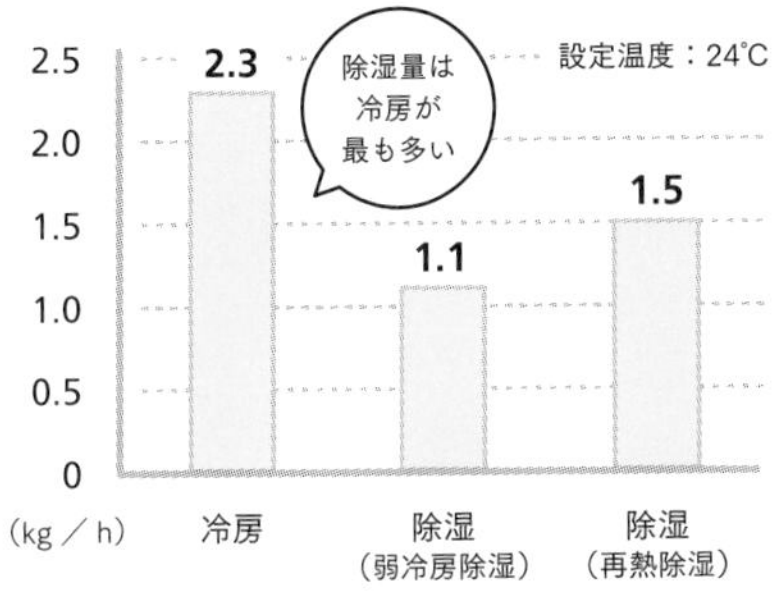

同じ設定温度でも、吹き出し口付近の温度が低いため、エアコンの除湿量が最も多い

（ 光熱費の比較 ）

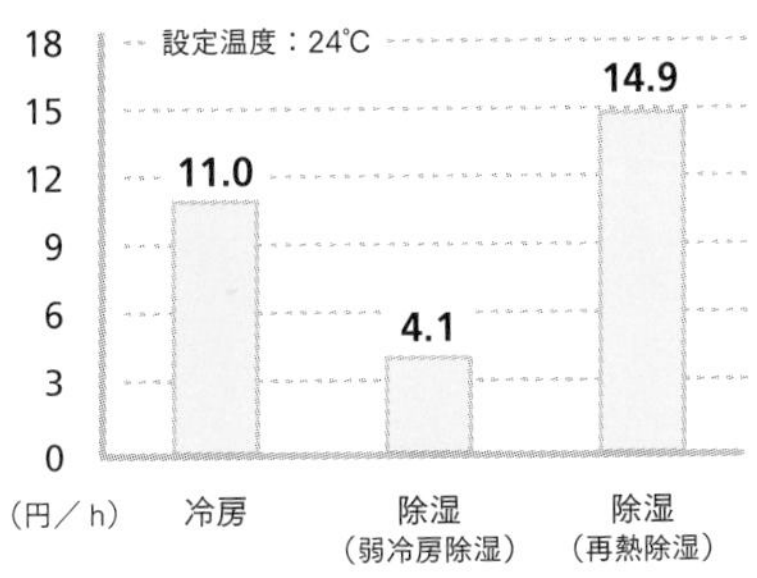

エアコンによっては除湿よりも冷房のほうが省エネになる場合がある

出典：東京電力『エアコンの「冷房」と「除湿」の上手な使い方』調査より

エアコンの除湿機能のメリットとデメリット

弱冷房除湿

○メリット
弱い冷房なので電気代が安い

×デメリット
除湿量が少なく、温度も若干低くなる

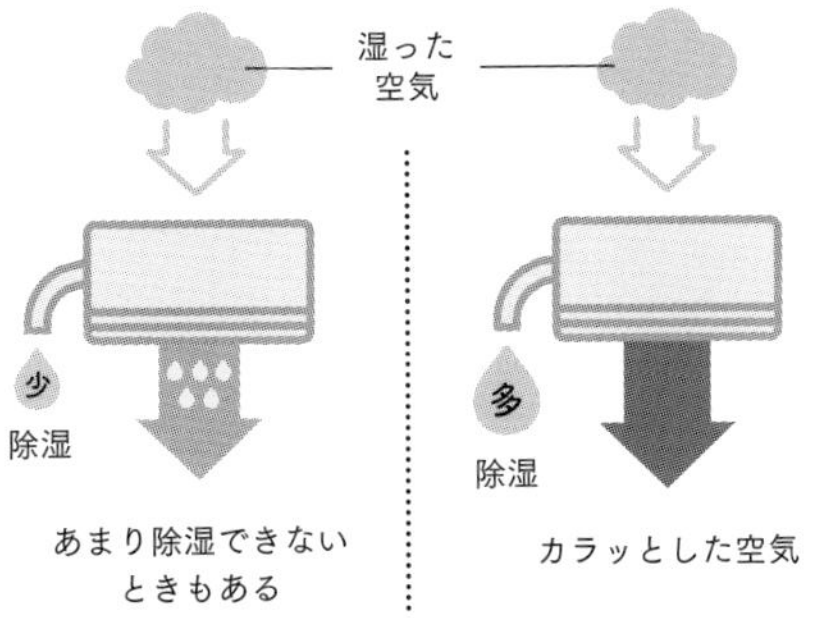

再熱除湿

○メリット
肌寒さを抑え、ジメジメした梅雨の季節でもカラっと快適

×デメリット
弱冷房による除湿と比べて電気代が高い

豆知識

冷たいコップのまわりには、水滴（結露）がつき、空気中の水分が減って湿度が下がります。これが除湿の仕組みです。エアコンを使って除湿するには、空気を冷やすための冷房運転が必要になります。また、氷水が入ったコップと水の入ったコップでは、水滴の量が違います。エアコンも同じで、空気をよく冷やしたほうが除湿できます。温度が低いほど多くの除湿ができるのです。

内部発熱を減らす

照明や家電の省エネを図ることで発熱量が減り、冷房負荷も減ります

人は約１００Ｗの熱を体から出しています。同じように、照明やテレビ、パソコン、電子レンジなどの家電もワット数に応じた熱を出しますし、炊事でも熱が発生します。すべて合わせると、７００〜１０００Ｗ程度の熱量になります。つまり、家電製品をつけて家事や掃除をするだけで、電気ストーブ（１０００Ｗ）と同等の熱量を出しているということです。こうした、生活するなかで発生する熱を「内部発熱」と呼びます。

冬の内部発熱は室内を暖めてくれるので問題ないのですが、夏の場合は冷房負荷になってしまいます。そのため、エアコンを効率よく使うためには、内部発熱を減らす工夫をすることが必要です。

まず最初にやることは、家電や照明の節電です。内部発熱を減らす効果はもちろん、節電自体が省エネにもつながります。ＬＥＤ照明を採用すると、より効果的です。発熱量がぐっと減ります。次に、待機電力のカットです。テレビやＡＶ機器などを使用していないときは、コンセントを抜いておきます。パソコンも使わないときはシャットダウンすると発熱を抑えられます。一つひとつの積み重ねで内部発熱を抑え、エアコンを効率よく使いましょう。

家電製品などによる内部発熱量

内部発熱の削減方法

（ 内部発熱量の目安 ）

出典：東京都地球温暖化防止活動推進センター「家庭の省エネハンドブック」

家電製品	IH クッキングヒーター	電子レンジ・アイロン・炊飯器	ドライヤー・掃除機	食器洗い乾燥機	冷蔵庫	扇風機	LED 電球
消費電力（W）	**3000**	**1400**	**1000**	**900**	**200 ～ 300**	**34**	**8**

小　消費電力　大

（ 効果的な節電 ）

出典：東京都地球温暖化防止活動推進センター「家庭の省エネハンドブック」

家電製品	工夫
冷蔵庫	冷蔵庫の設定を「強」から「中」に変え、扉を開ける時間をできるだけ減らし、食品を詰め込まないようにする
照明	LED 電球に交換する日中は照明を消して、夜間もできるだけ照明を減らす
テレビ	省エネモードに設定するとともに画面の輝度を下げ、必要な時以外は消す
パソコン	90 分以上使わない場合はシャットダウン、それ以下の場合はスリーブにする。電源オプションを「モニター電源オフ」から「システムスタンバイ」に変更する
トイレ	電気便座のフタをこまめに閉める。電気便座の温度設定を低くする
待機電力	リモコンの電源ではなく、本体の主電源を切る。長時間使わない機器はコンセントからプラグを抜いておく。高速起動設定にはしない

室外機の設置の仕方も重要

室外機を囲って空気がうまく流れ出ない状態になると、冷暖房効率の能力は下がる。植木やゴミなどで通風を妨げないように、室外機のまわりはすっきりきれいに保つことがポイント

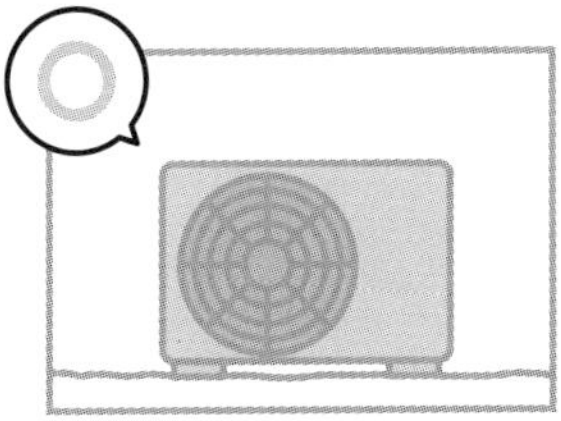

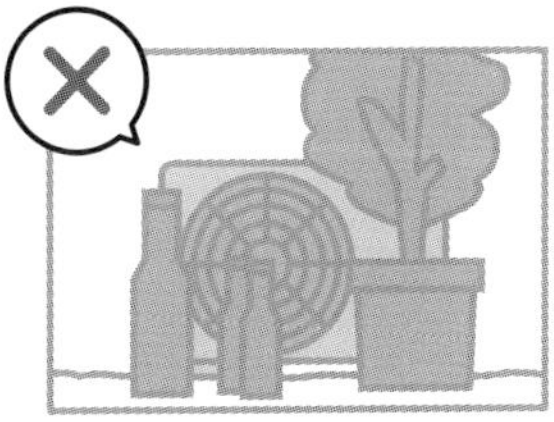

東京大学大学院
工学系研究科 建築学専攻
准教授・博士（工学）

前 真之

1975年生まれ。'98年東京大学工学部建築学科卒業。2003年同大学大学院博士課程修了。'04年建築研究所などを経て、29歳で東京大学大学院工学系研究科客員助教授に就任。'08年同建築学専攻准教授。空調・通風・給湯・自然光利用など幅広いテーマを研究し、現在、暖房や給湯にエネルギーを使わない無暖房・無給湯住宅の開発・研究に取り組んでいる。

エアコン1台で心地よい家をつくる方法

効率よくエアコンを運転するには

住宅の高断熱・高気密が進む中で、冷暖房を1台のエアコンで賄おうとする試みが多く行われるようになってきました。

エアコンはヒートポンプを活用し（62頁）、また国内だけで年間約800万台が販売される超メジャーな家電製品。メーカー間の競争も激しく、高機能化や高効率化、そして低価格化が進んできました。この「高効率なのに安い」エアコンを活用して、いっそ家全体の冷暖房を賄いたいと思うのは、自然な流れかもしれません。エアコン1台での冷暖房のメリット・デメリットを下の表に整理しました。

建物が適切に設計されていれば、エアコン1台で快適・省エネな冷暖房を行うことは可能ですが、注意点もあります。エアコンのヒートポンプは高効率ですが、その効率を生かすには、適正な負荷率で運転する必要があります。低い断熱・気密性能の住宅の寒い部屋で高温・大風量設定で運転すると、エネルギー負荷がかかります。一般的にエアコンは、定格能力の50％程度の負荷で、暑くも冷たくもないぬるめの空気を吐き出している状態が最も高効率になります。各部屋にエア

エアコンの長所

- エネルギー効率が高い
- 負荷率が適正で、温度設定が低い場合は高効率
- 大量生産で機器が安価で交換も容易

エアコンの短所

- 送風能力が低く、遠くまで温風を送れない（空気を押し込む力＝静圧が小さい）
- 設置の仕方によってはメーカーのサポートを受けられない

コンを設置すると、極端な低負荷運転が続き、効率が低下する場合もあります。つまり、家全体を1台のエアコンで暖冷房できれば負荷率が改善し、エネルギー効率が高く、節電にもつながります（図1）。

暖房よりも冷房の方が難しい

ぬるい空気で暖房をするには、なにより住宅の高断熱・高気密化が重要です。また、人が快適に過ごすためには、適切な体感温度（8頁）を保つ必要があります。体感温度とは、空気温度だけでなく室内の表面温度（放射温度）まで考慮した実感に近い温度で、作用温度とも呼ばれます。低断熱・低気密の住宅では室内の表面温度が低いために、エアコンから高温の空気を吹き出さねば体感温度は上がりません。その結果、温度ムラや乾燥・効率低下を招いてしまうのです。高

エアコンのエネルギー効率（図1）

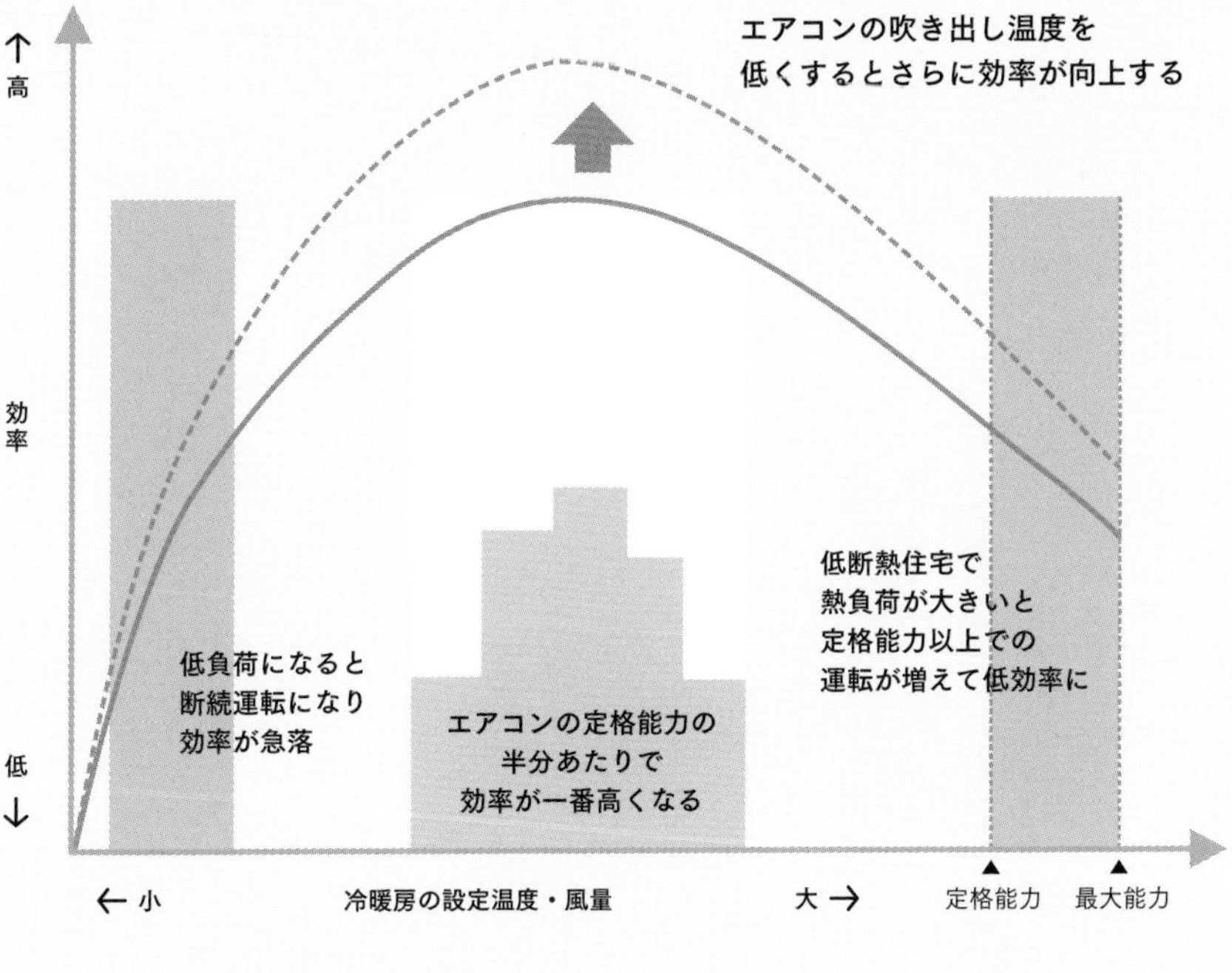

↑
高
効率
低
↓
エアコンの吹き出し温度を
低くするとさらに効率が向上する
低負荷になると
断続運転になり
効率が急落
エアコンの定格能力の
半分あたりで
効率が一番高くなる
低断熱住宅で
熱負荷が大きいと
定格能力以上での
運転が増えて低効率に
← 小
冷暖房の設定温度・風量
大 →
定格能力
最大能力

効率よくエアコンを運転するには、定格能力の50%あたりで運転することと、エアコンの温度設定を低くすることが有効

断熱・高気密の住宅では室内の表面温度が高いため、エアコンからぬるい空気を吹き出せば体感温度を確保できます。その結果、温度ムラや乾燥感が少なく、高効率で省エネな暖房が可能になるのです（図2）。

最近では建物の高断熱化・高気密化が急激に進み、多くの地域でエアコン1台の能力で家中の暖房を賄うことが十分に可能になりました。冬は、内部発熱や窓からの日射熱が暖房効率削減の「味方」なのも助けになります。

一方、夏の冷房は注意が必要です。高断熱の住宅では室内に熱がこもりやすく、冬には暖房の助けになった内部発熱や窓まわりからの日射熱が全て、冷房効率を落とす「敵」になってしまうのです。特に、日射熱は窓まわりを特定の時間に強烈に加熱するため、冷房時の温度ムラや温度変動の原因となりやすいので要注意です。高断熱住宅では、日射遮蔽に力をいれることがとても大切です（図3）。

エアコンは空気を遠くに送れない

冬の高断熱と夏の日射遮蔽により、家全体の冷暖房を1台のエアコンで賄えるようにした後は、建物全体に暖気・冷気を届ける工夫が必要になります。メーカーはあくまでエアコンは各室に1台ずつ設置する「個別空調」のための機器として設計しています。エアコンは1時間におよそ600㎥の空気を吹き出す力がありますが、開放的な室内空間になるべく一様でやわらかい風を吹き出す「インフローファン」が用いられているため、あまり遠くに暖気・冷気を送るようにはつくられていません。

このエアコンの送風能力を補うため、空気の性質を生かしたさまざまな工夫がされています（図4）。たとえば、基礎断熱された床下空間にエアコンの暖気を送り込む「床下エアコン暖房」です。暖かい空気は軽いので浮力で上方に広がる性質を利用し、床下全体から窓際のスリットへ吹き出す方式です。1階の床全体が温まり、寒くなりがちな窓際も暖気で和らげることができる、なかなかよくできた方式です。一方で、供給される熱量は限られるので、断熱・気密を徹底した床下を含め暖気が回りやすいオープンプランにする必要があり、設計には工夫が求められます。

次に、冷たい空気は重たいので、下に沈む性質があります。そのため、エアコン1台で冷房する場合は、上方のロフトや吹抜け空間の上部などに設置するのが効率的です。ただし建物全体に空気を回す仕掛けがないため、特に高温になる窓まわりは日射遮蔽の徹底が重要です。またオープンなプランでないと、冷気が回らず暑い部屋ができてしまうことも要注意です。

建物性能による不快感の違い（図2）

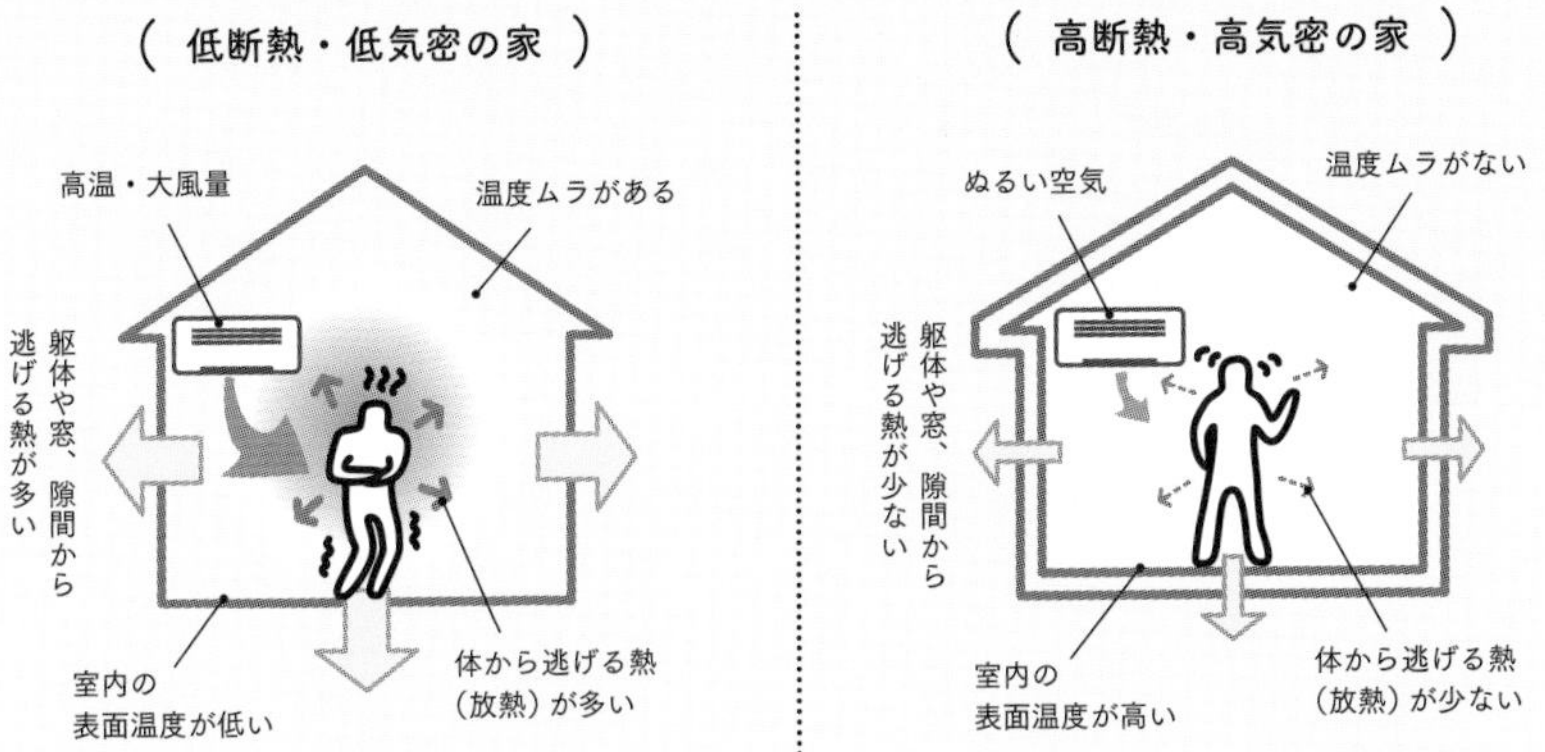

エアコンは高温・大風量の空気を吹き出す必要がある。温度の高い空気は軽いので上部に溜まり温度ムラができるため、頭上は暑く暖気が届かない足元は冷たい

エアコンはぬるい空気を吹き出せば十分であり、ぬるい空気は軽くはないので床まで届き、足元まで暖かい

冬と夏の冷暖房の負荷の差（図3）

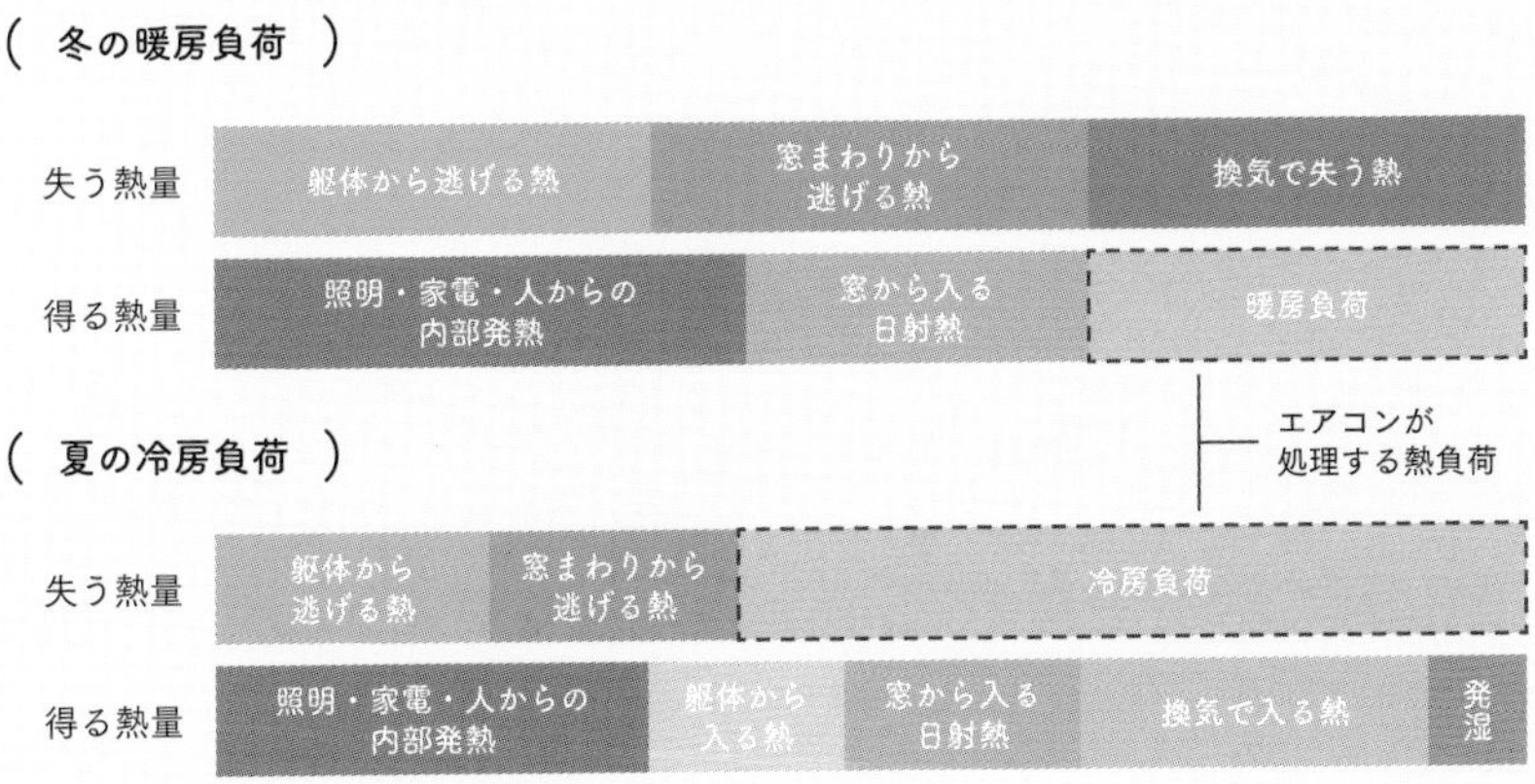

冬に足りない熱を埋め合わせるために「暖房熱負荷」、夏に過剰な熱を除去するために「冷房熱負荷」が発生する。冬は高断熱化による熱の損失を減らせば、暖房熱負荷は大きく減少する。夏は内部発熱や窓まわりからの日射熱が冷房負荷を増やしてしまうため、熱がこもりやすい。高断熱住宅では特に注意が必要

プランによっては ダクト式全館空調の検討を

エアコンの暖気・冷気を建物全体に回すには、断熱・日射遮蔽とともに、空気が回りやすいオープンプランであることが必要です。一方で、個室ではプライバシーを守りたいことも多いでしょう。その場合は、各部屋に暖気・冷気を専用ファンとダクトで送り込む「ダクト式全館空調」も選択肢の1つになります。ダクト式全館空調というと、従来は専用の熱源が必要で非常に高価だったのですが、最近では普通の壁掛エアコンを熱源にすることで、簡便・低コストなものも多く提案されています。

建物の断熱・日射遮蔽といった基本的な性能を確保すれば、エアコン1台で家全体を冷暖房することは十分可能です。後はプランに応じて、暖気・冷気をどう行き渡らせるかがポイント。熱と空気の両面を見極めれば、快適で省エネな冷暖房を、低コストで手に入れることは十分可能なのです。建物の断熱・気密と間取り・空調計画を設計段階から一体で計画して、健康快適な生活をリーズナブルな電気代で実現しましょう！

エアコンの設置方法（図4）

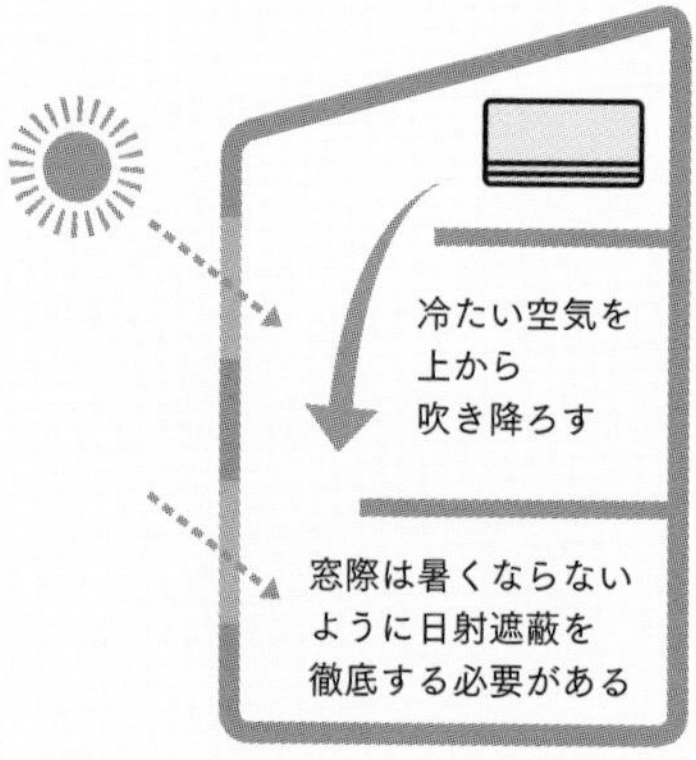
冷たい空気を
上から
吹き降ろす
窓際は暑くならない
ように日射遮蔽を
徹底する必要がある

冷房用にエアコンは上に設置する

冷房をエアコン1台でまかなう際にはロフトエアコンが一般的だが、家全体に冷気を回す力は弱く、特に日射熱で暑くなりがちな窓まわりは日射遮蔽が必要

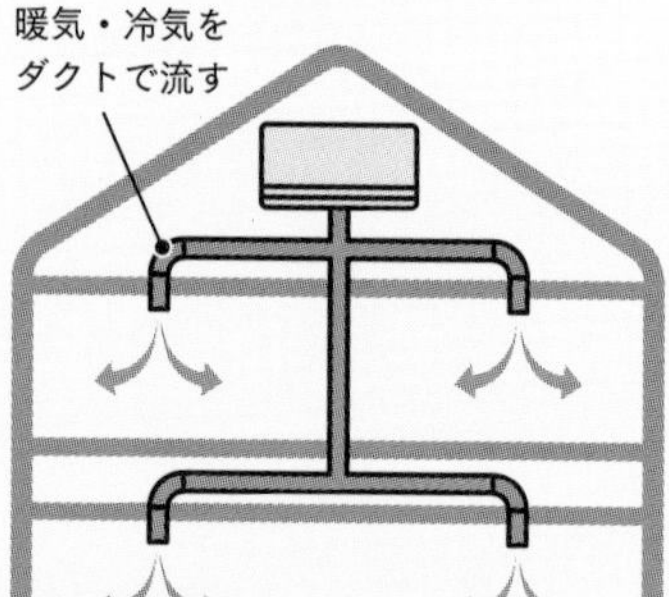
暖気・冷気を
ダクトで流す

ダクトを用いた全館空調

専用ファンでエアコンの暖気・冷気をダクト経由で流す全館空調は、床下エアコンやロフトエアコンよりも計画的な空調設計ができる。専用のヒートポンプ熱源を用いることが一般的だったが、最近では普通の壁掛けエアコンを転用した方式も登場している

5章

換気ができている家と、できていない家

人にも建物にも呼吸は欠かせない

健康で快適な生活を送るために、換気は不可欠。給気と排気が確実に行われるように住宅をつくります

ただいま〜！
バッサ
ハックショイ
バッサバッサするな!!!
私が花粉症って知ってるでしょ!?

成人が1日に吸う空気の量はおよそ1万ℓです。それだけの空気を吸うということは、空気が汚れていれば健康にも悪い影響を与えます。その影響を抑えるためにも、住宅を設計する際にしっかり換気（給気と排気）計画を立てることが大切です。換気設備を選ぶ前に、なぜ換気が必要なのかを知りましょう。

2003年に換気設備（24時間換気システム）の設置が義務付けられました。義務化された背景には、シックハウス症候群があります。当時社会問題となっており、これを防ぐ目的で24時間換気が義務化されました。建材から発散する化学物質を排出するために、換気が必要だったのです。それ以外にも、換気には空気中に浮遊しているハウスダストを除去する効果があります。目に見えないので気づきにくいですが、換気は私たちが快適に生活するために、さまざまな役目を果たしてくれます。

ただし、建物に隙間が多いと、そこから空気が出入りして換気設備がうまく機能しません。しっかり換気するためには、C値1.0㎠／㎡以下の気密性能が必要だといわれています（34頁）。気密性能が高くなると効率よく換気ができ、省エネにもなります。

健康的な生活を送るための換気

気密性能による換気効率の違い

（ 気密性能が低い家 ）

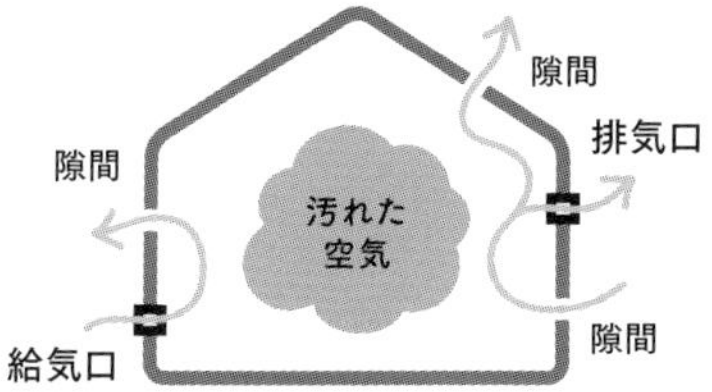

隙間風が出入りするため、換気設備が効率よく機能しない。換気が機能しないと、換気量がやたら多く寒い場所や、換気されず空気が汚れたままの場所などが混在する

（ 気密性能が高い家 ）

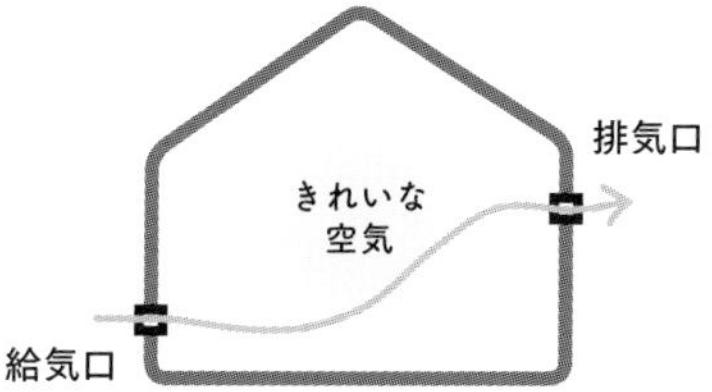

高い気密性能を確保することで、換気設備が機能する。家全体の換気が効率よくできるので、きれいな状態の空気を保ち、省エネにもつながる

換気のメリット

❶ シックハウス症候群の予防

24時間換気が義務化された理由は、建築本体や建材から発散するホルムアルデヒドなどの化学物質によるシックハウス症候群を防ぐためである。建築基準法が改正されたことで、特定の化学物質は減ったが、それでもまだ建材の接着剤や石油製品から発散している。また、建材以外の家具や日用品、洋服などから発生するため換気が必要である

❷ 二酸化炭素濃度の調整

二酸化炭素は人の呼吸だけでなく、ファンヒーターやストーブなどからも発生する。一般的に室内の二酸化炭素濃度が1,000 ppmを超えると不快感や作業効率の低下、眠気、息苦しさが生じるといわれている。換気をすることで、濃度を下げることができる

❸ ハウスダストの除外

衣類などの繊維クズや花粉、PM2.5、ダニの死がい・フン、カビ、細菌、タバコの煙、ペットの毛など家のなかにはさまざまなハウスダストが存在している。比較的小さく軽いものは空気中を浮遊しているので、換気をすることで空気と一緒に室外に排出できる

❹ 結露対策

水蒸気は、室内にいる人の呼吸や汗、炊事、洗濯などを合わせると、1日10L以上発生する。これらの水蒸気を含んだ湿った空気を換気によって排気することで、結露を抑制できる

❺ カビ・ダニの抑制

室内の空気$1m^3$中には、カビの胞子が数個から数千個も浮遊しており、これらは25～28℃で湿度が80％以上になると急激に繁殖スピードが上がる。また、ダニも発生しやすくなる。換気をすることで、高湿度の状態を長時間続かないようにできる

換気量はどのくらい必要？

必要換気量は余裕をもった数値で計算することをお勧めします

快適な空気環境をつくるために必要な換気量はどのくらいでしょうか？　建築基準法では、建物の大きさや居住者数に応じて必要換気量が定められています。必要換気量とは、室内の空気をきれいな状態に保つために、換気しなければならない空気の量のことです。

必要換気量の計算方法は3つあります。1つ目は、居住者数から算出する方法です。一般的に1人当たりの必要換気量は1時間30㎥ほどといわれており、この数値に居住者数を掛け合わせることで必要換気量を算出できます。2つ目は、家の広さを基にした計算方法です。建築基準法では、1時間に必要な換気回数は0.5回だとされています。この数値に家の体積を掛け合わせることで必要換気量を算出できます。3つ目は、部屋ごとの換気量の目安を基に計算する方法です。左頁の表にあるように部屋の種類に応じた換気量の目安があり、それらを足すことで家全体の必要換気量を算出することができます。

住宅における必要換気量は、3つの計算方法のうち数字の大きいものを目安にするとよいでしょう。また、喫煙者やペットがいる場合は、少し高い数値を目安にすることをお勧めします。

住宅で必要な換気の量を計算する

家全体の空気を2時間に1回入れ替える

建築基準法では、住宅全体の空気が2時間で入れ替わる程度の換気が必要だとされている。すなわち1時間で家の半分の空気が入れ替わることになる

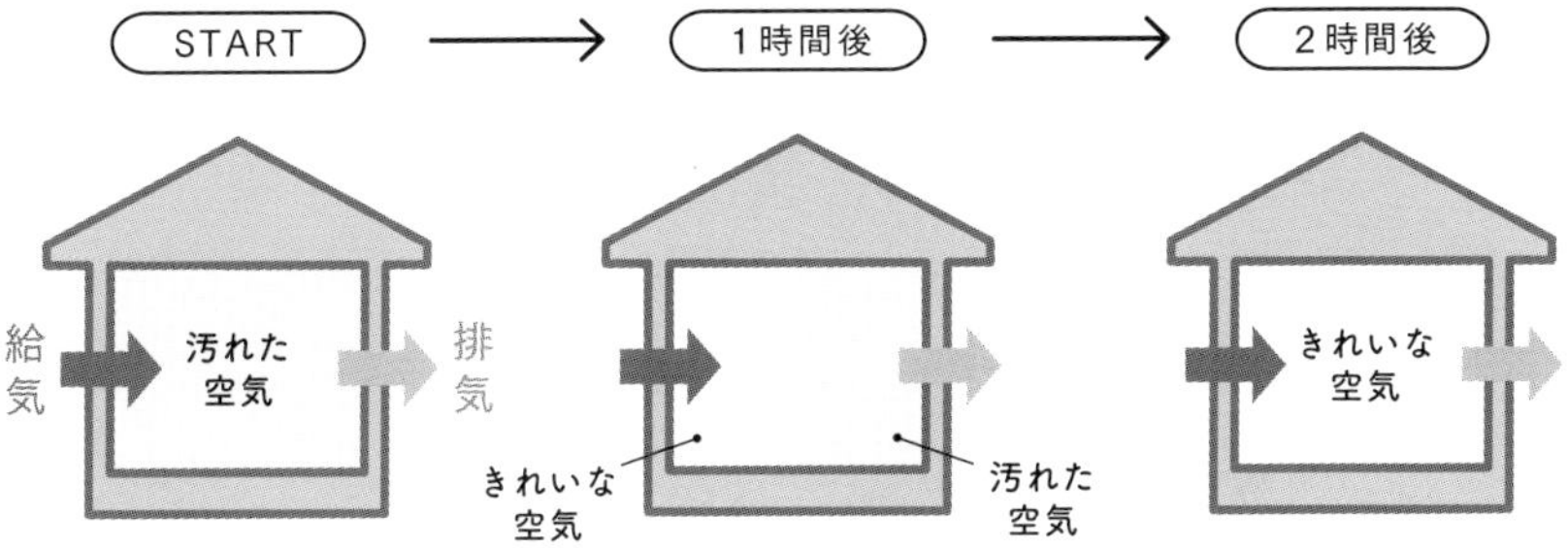

必要換気量の算出方法

3つの計算方法のうち、数字が大きい方を基準として換気計画を行うとよい

1. 全居室の床面積（㎡）× 天井の高さ（m）× 0.5（回／h）
2. 30（㎥／h）× 家族の人数
3. 部屋別の換気量の合計値

（部屋別の換気量の目安）

※1 出典：建築基準法第28条2項より算出
※2 出典：建築設備パーフェクトマニュアル2020-2021

	部屋名	換気量	
給気箇所	リビング、ダイニング、寝室、子ども部屋など	**20〜30㎥／h×人数（人）**	※1
給気箇所	地下室（納戸利用）	**20〜30㎥／h**	※1
排気箇所	キッチン	**60〜80㎥／h** （使用時は**300〜500㎥／h**）	※2
排気箇所	トイレ、洗面所、浴室など	**20〜30㎥／h**	※2

ひと口に換気といっても中身はさまざま

換気扇と給気、排気、ダクトの組み合わせ方で換気方式が決まります

換気を行うために最低限必要なものは、換気扇（ファン）と空気を取り入れる孔（給気口）、空気を出す孔（排気口）の3つです。給気口から排気口への空気の流れを換気経路といい、換気したい部屋のなかで空気が停滞する部分がないように計画します。

空気は圧力の高いほうから低いほうへ流れます。建物の気密性能が高く開放的な間取りなら、家全体である程度圧力を管理できるので、この3種類（換気扇、給気口、排気口）だけでも換気装置を組むことができます。その場合、換気扇から排気して室内の圧力を下げ、給気口から外の空気を呼び込みます。これを第3種換気といいます。トイレや浴室の局所換気にはこの方式が使われることが多いです。家全体で行う場合は、給気口や排気口の位置に注意しましょう。

ただし、第3種換気では給気を自然換気に頼るため、十分な給気ができない可能性があります。そこで、ダクトが使われます。換気扇と排気口や給気口をダクトでつなぐことで、圧力の管理が簡単になり、計画的な換気ができます。これを第1種換気といいます。

給気を機械で行う第2種換気もありますが、住宅ではめったに使用しません。

換気にはいろいろな方式がある

第１種換気

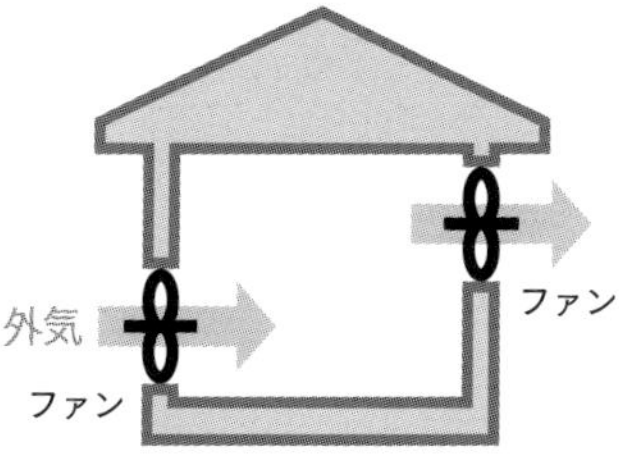

給気：ファン／排気：ファン

●第１種換気の特徴

給気・排気とも機械換気で行う換気方式である。機械換気のなかで最も効率的な給気・排気が可能。空気をきれいな状態に保ちやすく、戸建て・集合住宅ともに適している

●注意したい点

各居室に給気口を設置する必要がある。また、空気抵抗と送風機能力のバランスの確認を、給気および排気の両方について行う。給気または排気いずれかの風量の合計が、必要換気量以上である必要がある

第２種換気

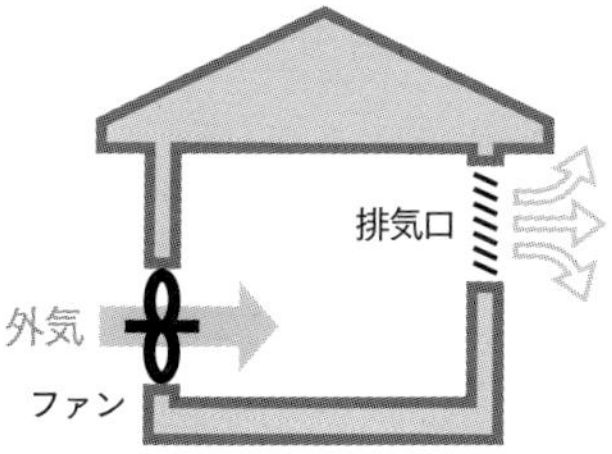

給気：ファン／排気：自然排気

●第２種換気の特徴

給気は機械換気で行い、排気は排気口から自然に行う換気方式である。汚染空気の流入を防ぐクリーンルームやボイラー室などに適しており、住宅で用いられることは少ない

●注意したい点

建物の気密性能が低ければ、室内の湿気が壁内へ侵入する恐れがあり、内部結露が起こる可能性が高い。特に寒冷地は注意

第３種換気

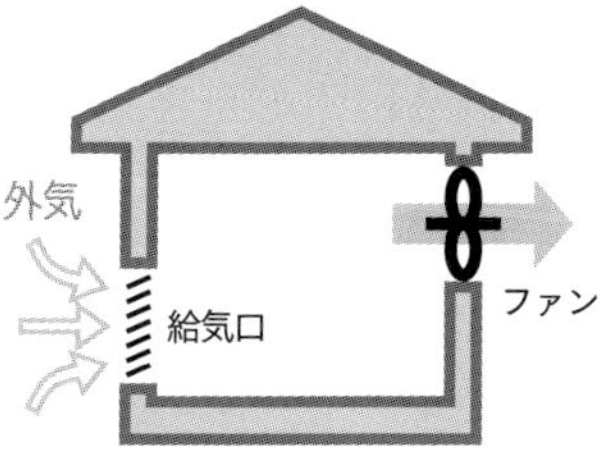

給気：自然給気／排気：ファン

●第３種換気の特徴

排気は機械換気で行い、給気は給気口などから自然に行う換気方式である。高気密住宅では、低コストで計画換気が可能である

●注意したい点

各居室に給気口を設置する必要がある。低気密住宅の場合、給気口から効率的に空気が入ってこない。また、天井裏などに空気がこもることがあるため、換気設備を設けたほうがよい

換気で捨てる熱はかなり多い

高断熱にして冷暖房を効かせても、換気による熱損失を考えないと意味がありません

24時間換気により常に新鮮な外気を室内に取り込めるようになりましたが、実は省エネルギーの観点からみると効率はよくありません。

換気をすることで、冷暖房で快適な温度にした室内の空気を排出し、新たに外気を冷暖房しなおすことになります。換気により排出する空気の量は非常に多く、寒冷地の高断熱住宅では、家全体から外に逃げる熱の約30％を換気が占めています。高断熱になればなるほど、換気による熱損失の割合は大きくなります。また、温度差のある外気の影響で、室内の湿度も変化してしまいます。

そこで、第1種換気のなかでも熱交換器を搭載したものが活躍します。排気に含まれる熱を給気に移動させて、室内温度にできるだけ近づけて新鮮な空気を取り込んでくれます。熱の移動量は、カタログ値で60～90％程度です。

ただし、第1種換気のときの給気は、各部屋までダクトをまわすため換気扇で空気を送り込む距離が長く、能力の高い換気扇が必要になります。換気にかかる電気代が増えますが、換気をすることで失う熱量が少ないため暖房のコストは減少します。換気と冷暖房のコストバランスを取ることが大切です。

換気することで感じる不快感

換気方式の違いによる熱損失の比較

出典：建築知識ビルダーズ No.35
「シミュレーションでわかる エコハウスの勘どころ」

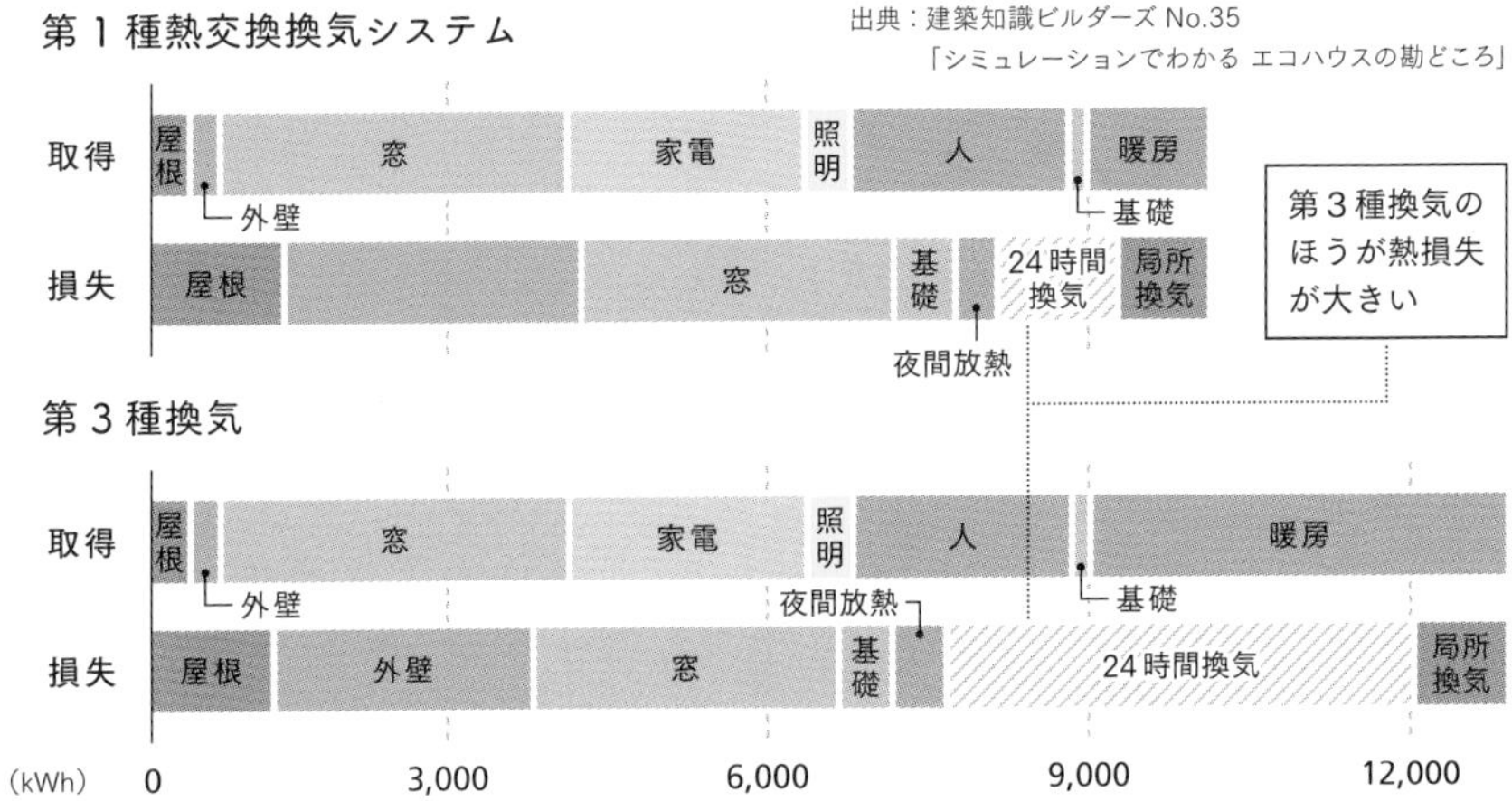

延床面積149.06㎡（45.09坪）、地域区分5、断熱性能 U_A 値 0.32 W/㎡K（HEAT20　G2レベル）、ηAC値2.3の条件で算出。第1種換気全熱交換型と第3種換気の熱損失を比べると、第3種換気の熱損失が大きいことが分かる

換気と湿度の関係

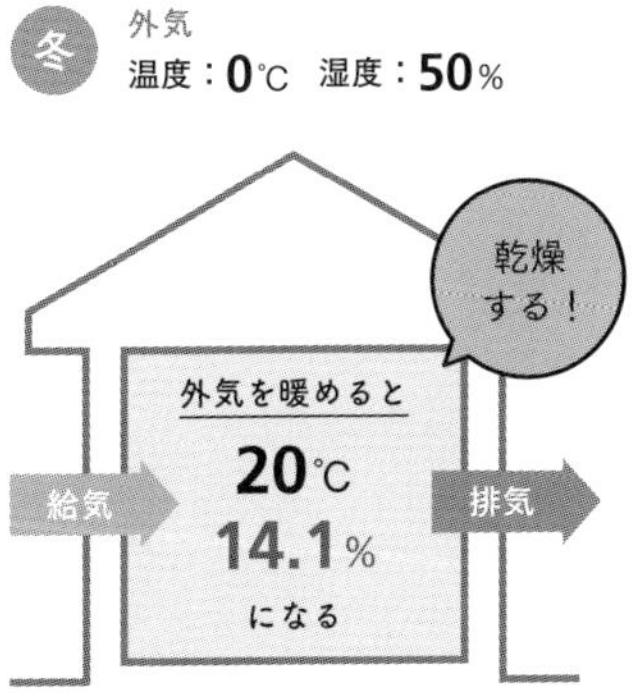

冬は温度と湿度の低い外気を取り込み室内で温めるため、湿度が低くなり乾燥してしまう

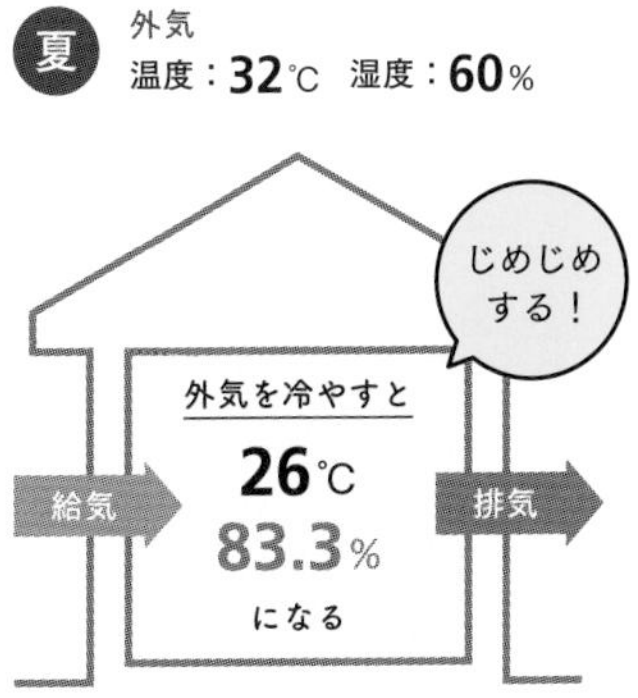

夏は暑くて湿った空気を取り込み室内で冷やすため、湿度が高くなりジメジメとした不快さを感じる

熱を気にするなら、第一種換気がベスト

熱交換換気システムの選び方は、寒冷地と温暖地で視点が変わります

第1種換気の熱交換換気システムには、顕熱交換型と全熱交換型があり、地域や暮らし方に合わせていずれかを選択します。顕熱とは、物質の温度変化にともない出入りする熱のことです。潜熱とは、水が氷や空気に変化するように、物質の状態変化にともない出入りする熱のことです。全熱交換型では、顕熱と潜熱の両方を交換することになります。適切な換気方式について、寒冷地と温暖地に分けてもう少し細かく見ていきましょう。

寒冷地では熱回収の効果が大きいので、全熱交換型の第1種換気がお勧めです。ただし、北海道などのマイナス20℃以下になる地域では、給気によって熱交換素子が凍ることがあります。水蒸気を扱う全熱型のほうがそのリスクが高いので、厳寒地では顕熱型がお勧めです。

温暖地でも、換気による熱損失を気にするなら全熱交換型の第1種換気がお勧めです。ただし、浴室やトイレなど、湿気と臭いの強い場所の排気ができないため、別に換気扇を設置する必要があります。家全体を1つの換気装置で賄いたい人は、顕熱交換型をお勧めします。どちらが適しているかは、家の性能レベルや冷暖房機器とのバランスにもよるので、設計者に相談して選択しましょう。

熱交換器の働き

換気で捨てた熱を回収する

※ナイトパージとは夏の夜の外気を取り入れ、冷房効果を得る手法

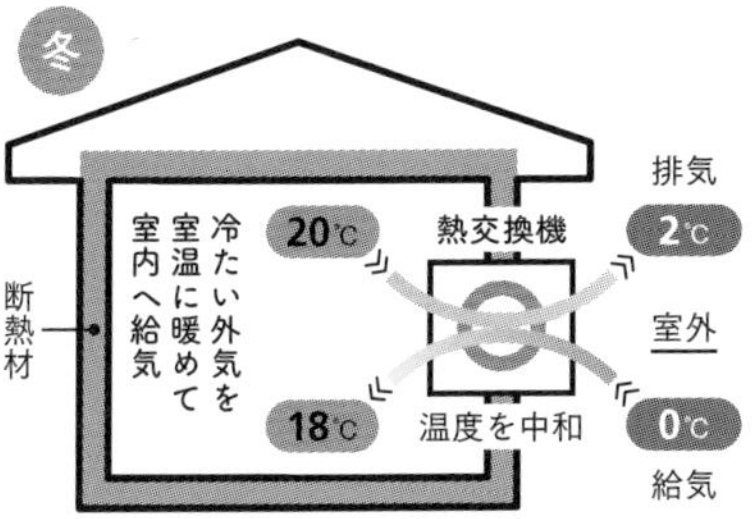

製品によっては90％の熱を回収することができる

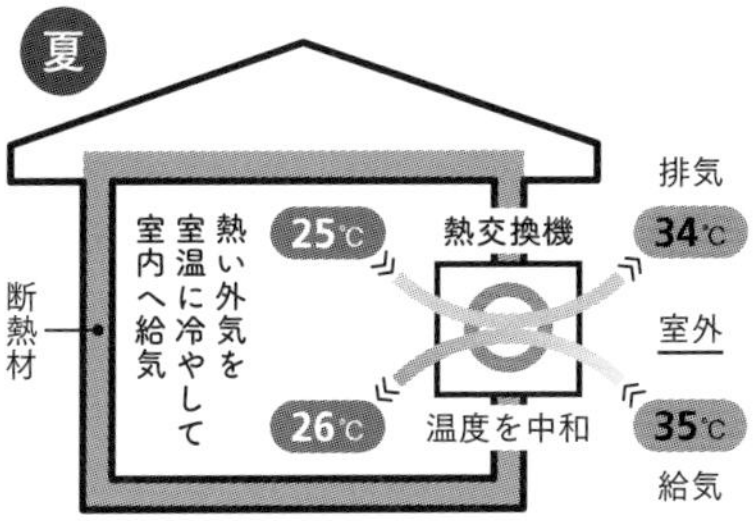

昼は負荷を減らし、夜はナイトパージ（※）で室内の熱を放出

全熱交換型と顕熱交換型

全熱交換型換気

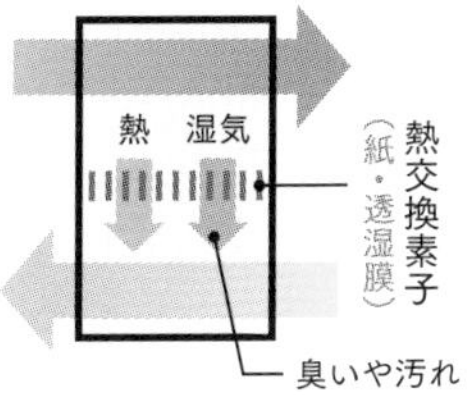

顕熱交換型換気

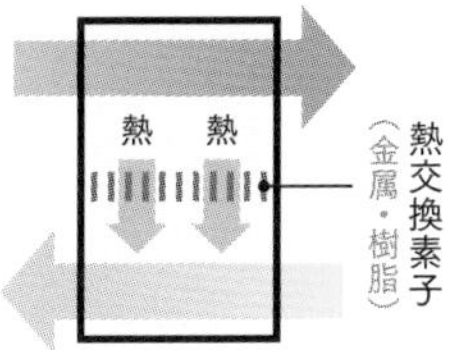

豆知識

どのエリアでも、予算に余裕があるようなら、第１種換気システムには昼間と夜間の温度差を調節して省エネを目指す「バイパスモード」機能付きのものがお勧めです。

熱交換方式の違い〈全熱式と顕熱式〉

出典：日本スティーベル

		第３種 換気	第１種 全熱交換型	第１種 顕熱交換型
特徴		熱も水蒸気も交換せず、給排気する	顕熱（温度）だけでなく、潜熱（水蒸気）も交換し、給排気する	温度だけを熱交換し、給排気する
温度	夏	冷房時に外気をそのまま取り入れる為、温度が上昇する	冷房時に外気と内気を熱交換する為、温度が上昇しにくい	冷房時に外気と内気を熱交換する為、温度が上昇しにくい
	冬	暖房時に外気をそのまま取り入れる為、温度が下降する	暖房時に外気と内気を熱交換する為、温度が下降しにくい	暖房時に外気と内気を熱交換する為、温度が下降しにくい
熱回収		0％	50％～70％（エンタルピー交換率）	70％～90％（熱交換率）
湿度	夏	外気の水蒸気がそのまま入る	外の熱を持った水蒸気を室内に取り入れない	外気の水蒸気がそのまま入る
	冬	室内の水蒸気を室外に出す→加湿器で対応	室内の熱を持った水蒸気を室内に戻す	室内の水蒸気を室外に出す→壁内で結露が発生しない

第1種換気のダクトに注意

第1種換気システムは、給気と排気のダクト長さの違いによって、漏気が増えるので注意が必要です

ダクトを用いた換気方式には2種類あります。1つは、排気口のみをダクトとつなぐ第3種換気です。もう1つは、給気口と排気口の両方をダクトでつなぐ第1種換気です。第1種換気では、給気と排気の両方にファンを使うため換気の効率は一番高いですが、注意点もあります。

第1種換気装置では、給気と排気のダクトの長さの差が送風時のダクトの空気抵抗（圧力損失）の差につながります。一般的に、給気ダクトのほうが排気ダクトよりも長く、空気抵抗が大きくなります。そのため、給気と排気で同じファンを使った場合、空気抵抗の差で給気量のほうが排気量よりも少なくなります。この差分の空気量は、建物の隙間から漏気して、帳尻を合わせていることになります。十分な換気性能を発揮するためには、給気・排気ダクトの長さを合わせて空気抵抗の差をなくすか、給気・排気ファンの回転数を差に合わせて調整する機能が必要になります。

海外製品ではダクトの長さによる空気抵抗の差をセンサーが読み取り、自動で風量のバランスを取るものもあります。また、フィルターが汚れて風量が落ちると、自動でモーターの回転数を増やし設定した風量を維持するものもあります。

ダクトを用いた換気方式

第１種熱交換換気システム（顕熱型）のダクト配置

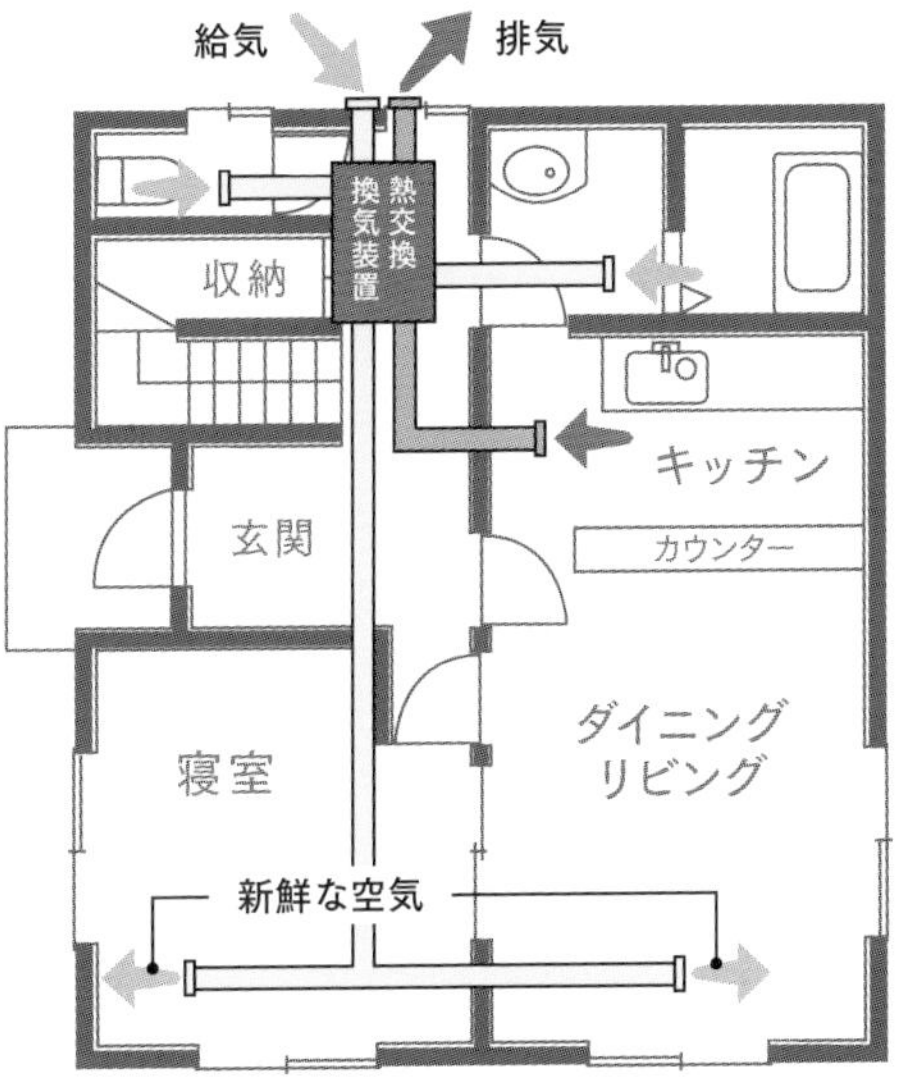

（　真上から見た図　）

きれいな空気が入ってくる給気口は、リビングや寝室、各個室に設ける。家の間取りと照らし合わせながら､空気の流れを反映させる。排気口は、キッチンや洗面室（浴室）、トイレなどに設ける。押し入れやクロゼット、納戸といった居室以外のスペースは、必要に応じて排気口を設ける

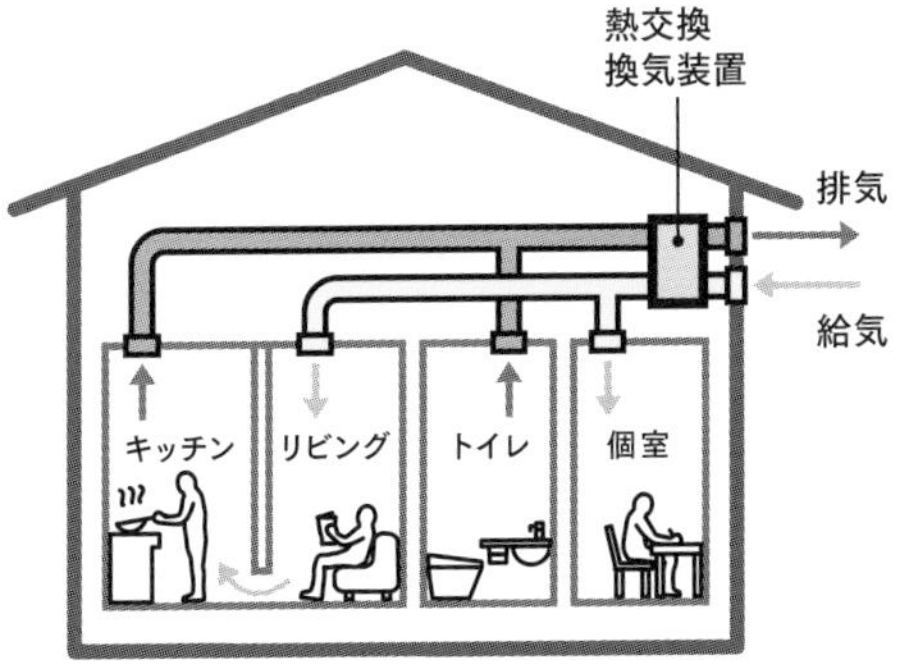

（　横から見た図　）

ダクトの長さによる空気抵抗を減らすために、給気口が必要な部屋と排気口が必要な部屋同士を近くに配置するとよい。換気設備の設置箇所は小屋裏が多いが、フィルター掃除の際に手間がかかることから、床や壁に設置されることもある

豆知識

熱交換換気システムは、外気を取り入れるダクトと室内の空気を吐き出すダクトが内部で一体になっており、空気が移動する過程でどうしても漏気があります。この数値は、国産メーカーで10%、ドイツ製の高性能機種で２～３%程度です。換気システムを選ぶ際の検討項目にしましょう。

ダクトルートはシンプルに

換気にダクトを用いる場合には、空気抵抗を考慮します

　ダクトを用いた換気は、十分な空気を送ることができる反面、ダクトの延長や曲り、分岐などの部分に大きな空気抵抗が発生します。一般的に、ダクトは天井裏に設けますが、施工の都合で曲げたり長い経路をとったりすると空気抵抗が大きくなり、所定の風量が得られないので注意しましょう。

　また、ダクトにも種類があります。フレキシブルダクトは樹脂製で、自由に曲げられるので配管しやすい反面、凹んでいる部分が抵抗になり空気がやや流れにくく、ほこりがたまりやすくなります。一方、スパイラルダクト（硬質ダクト）は鉄製で、曲げるにはL型の部材を使いますが、表面はなめらかで空気の抵抗が少なく、ほこりはたまりにくいです。この2つのうち、フレキシブルダクトのほうが多く使われています。

　ダクトの太さについては、大径のほうが空気の流れがスムーズで十分な換気が行えます。空気を送り込むファンも省エネになります。最低でも直径75㎜以上の径のダクトを使いたいものです。

　ダクトのほか、ガラリやフィルターなどの空気抵抗も考慮して十分な換気量を確保しましょう。しっかりとした換気設計と機種選定が、換気システムの肝です。

ダクトを使うときの注意点

換気経路はシンプルに

曲がり部や分岐が少ないほうが、空気が流れやすく、十分な換気ができる。またファンの負荷も少なくなるので、電気代も下がる。ダクトを使う場合は、住宅の間取り設計と同時進行でダクトの検討も行うことで、イレギュラーな経路を減らせる

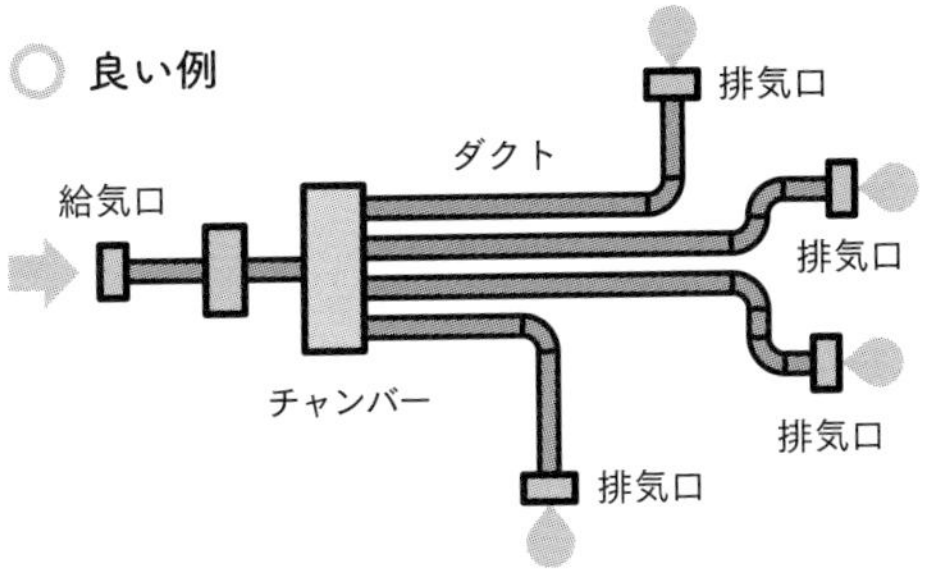

このような部分をなるべく減らす

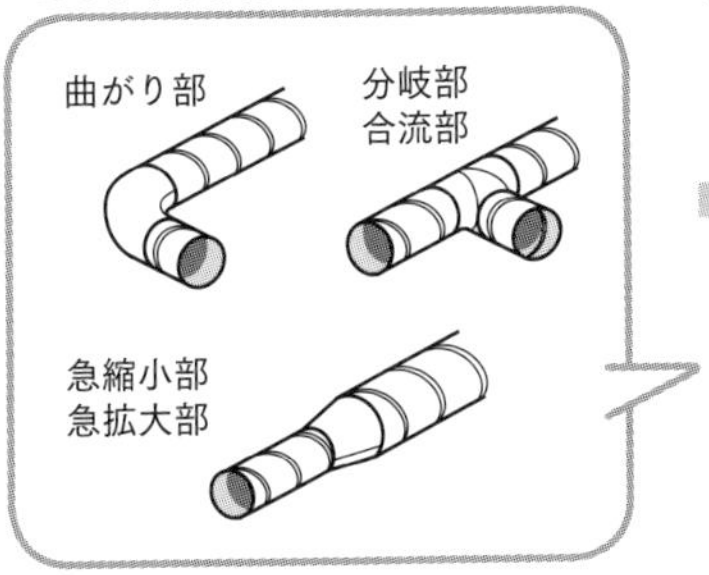

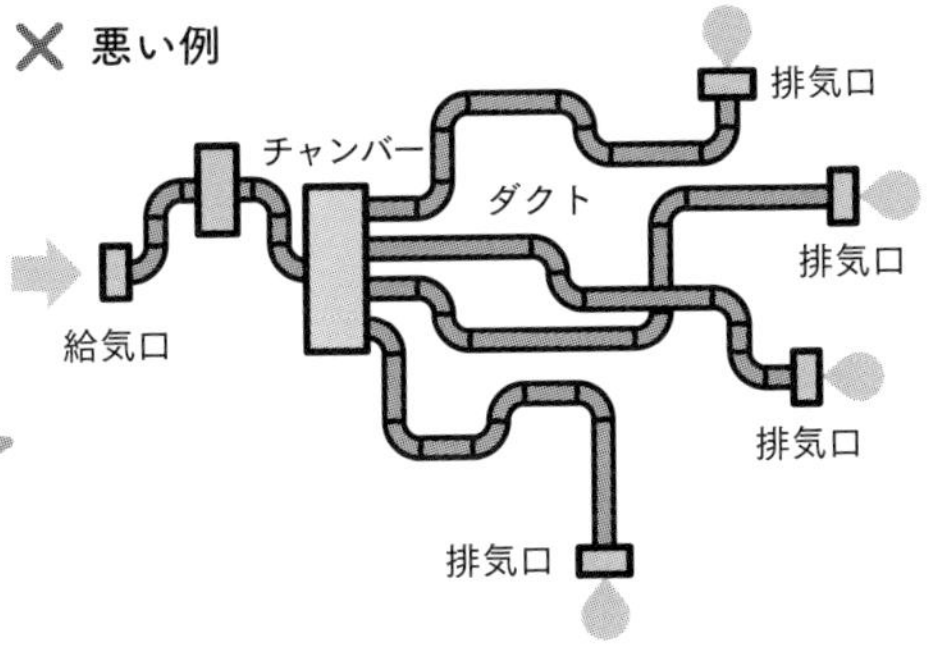

空気抵抗が発生する部位

空気が効率的に流れるようにするには、給気・排気口の仕様をシンプルにすることや、詰まりにくくする設計や施工が大切。目の細かすぎる防虫網は、ほこりが詰まる原因になるため要注意

室内ガラリ

吹出口、吸込口
グリルなど

屋外ガラリ

フード、ベント
キャップなど

ダクトの太さ

ダクトは、大径のほうが空気の流れはスムーズで、空気を送り込むファンの負担が少ないため省エネである。直径100㎜と50㎜を比べると、約32倍の空気抵抗の違いがある。最低でも直径75㎜以上の径のダクトを使いたい

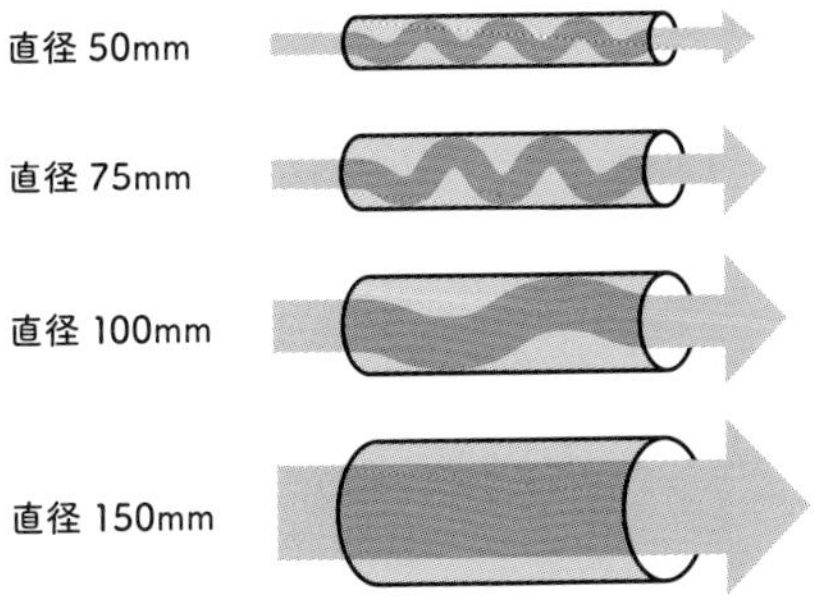

換気設備のメンテナンスは案外簡単

メンテナンス対象は給気・排気口、熱交換器フィルターで3カ月に1回は必須です

換気装置にはメンテナンスが欠かせません。特に第1種換気の場合は、定期的にフィルターのメンテナンスをしないとほこりや虫などが溜まって、換気量が不足したり、モーターに負荷が掛かり電気代が増えてしまいます。メンテナンスの頻度は、周囲の環境にもよりますが1～3カ月に1度程度です。掃除機で表面を吸ったり水洗いをする程度でよいので、手間はかかりません。

しかし、フィルターは熱交換器と一体になっており天井裏に設置されることが多いです。フィルターを取り出す際に少し手間がかかるので、壁面や床面に取り付けられるタイプの機器を選択することをお勧めします。

最近では、給気口にサイクロン式の給気フードを取り付けることで、ほこりや虫が換気設備内に入りにくくすることもできます。この給気フードにはファンが内蔵されており、その遠心力で虫やゴミが弾き飛ばされるので、きれいな空気だけがダクトを通って換気設備に送られます。製品によっては、給気するために吸い込んだ外気中のほこりや虫などを95％以上取り除いてくれます。サイクロン式給気フードを取り付ければ、換気風量を減らすことなく、換気設備のフィルター交換の回数を10分の1以下（※）に減らすことができます。フィルター自体も長持ちするので、設備と一緒に導入を検討するのもよいでしょう。

また、フィルターを設けていても、ダクト内にはほこりや虫などが溜まっていきます。そのため、周囲の環境にもよりますが、10年に1度はダクト内も清掃したほうがよいでしょう。専門の業者に頼む場合、費用は5～10万円程度です。

第3種換気の場合は、熱交換器のフィルターのメンテナンスは不要ですが、給気口と排気口（ガラリ）は定期的に掃除をする必要があります。

※周辺環境や立地条件によって、回数は変わる

メンテは熱交換器のフィルターくらいですよ
ほほー!
熱交換器のユニットが室内にあったら手はかからなさそうだね!
私でも手入れできちゃうのよ
そうね〜

と!いうことで
ポン
え?
えっ——!
そんなつもりじゃ…
君を換気手入れ係に任命する!
がんばりたまへ
メンテナンスは1カ月から3ケ月に1回程度です
外部の環境によりフィルターの汚れ方は異なります
取り出しやすい位置にフィルターを設置できる機器がお勧めだよ!
僕のメンテ係もよろしく!
はいこれ

6章

エアコンで夏も冬も心地よい家

CASE 1

SANKO（岡山県岡山市）

CASE 2

高橋建築（埼玉県秩父郡）

CASE 3

ディテールホーム／坂井建設
（新潟県燕市）

CASE 4

日建ホーム（千葉県印西市）

エアコンで心地よい家をつくる方法

家の性能、日射取得と遮蔽を考慮しながらエアコンの性能や位置を考えましょう

快適な家をつくるために必要なことをここまで解説してきましたが、この章では総論として1台のエアコンで心地よい家をつくる方法と、住宅会社が手がけた実例を紹介していきます。

まずは、エアコンを使いながら快適に過ごすために、「性能レベルに合わせてエアコンを1台設置する方法」「エアコン1台＋αで快適にする方法」「季節に合わせてエアコン1台を使う方法」に分けたモデルケースを紹介します。「性能レベルに合わせてエアコンを1台設置する方法」では、断熱・気密性能の高さごとに、エアコンの設置方法や仕様を変えて、快適な住環境を実現させていきます。「エアコン1台＋αで快適にする方法」では、HEAT20のG2レベルの断熱性能を想定した家で、エアコンだけでは不十分な部分を他の冷暖房設備で賄う方法を模索していきます。最後に、「季節に合わせてエアコン1台を使う方法」では、2台のエアコンを季節によって使い分ける方法を紹介します。

いずれの方法でも心地よい家をつくるには、信頼できる住宅会社としっかり話し合いながら、断熱性能・気密性能・窓(日射取得と日射遮蔽)・冷暖房設備・換気設備を選択するとよいでしょう。

性能レベルに合わせてエアコンを１台設置する方法

❶ HEAT20 G3 以上＋エアコン１台

メリット
・光熱費があまりかからない
・内部発熱だけでも暖かい

デメリット
・断熱費が高くなる
・オーバーヒートが起こりやすい

冬は内部発熱や日射取得で熱を賄うことでほぼ無暖房で過ごせるようにし、エアコンは冷房用として高い位置に設置する。暖冬のときや、日射取得量が多いときにオーバーヒートを起こしやすいので、熱を逃がす仕組み（窓や冬の日射遮蔽など）を考えておくとよい

❷ HEAT20 G2 レベル＋エアコン１台＋天井ファン

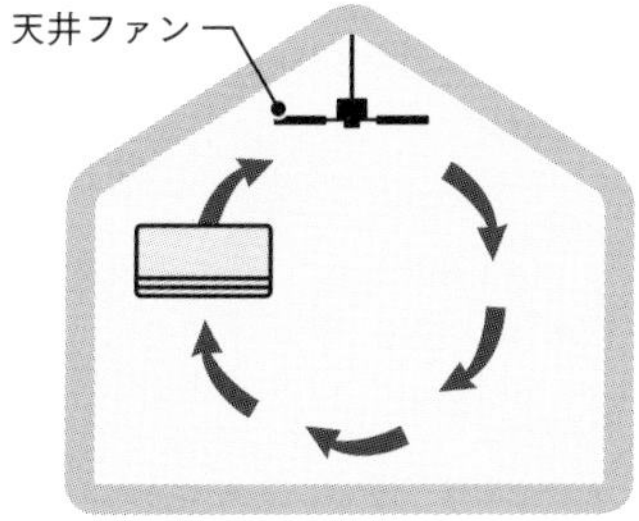

メリット
・設備の設置費があまりかからない

デメリット
・間取りの制限がある
・音やプライバシーの問題がある

エアコンの空気を天井ファンでかき回す。ワンルームのような仕切りのない空間にすることで、空気を各部屋に行き渡らせる。音やプライバシーの問題を考えると世帯人数が少ない家族に向いている。また、平屋や小さな家だとより効果がある

❸ 国の省エネ基準レベル＋ダクト式エアコン

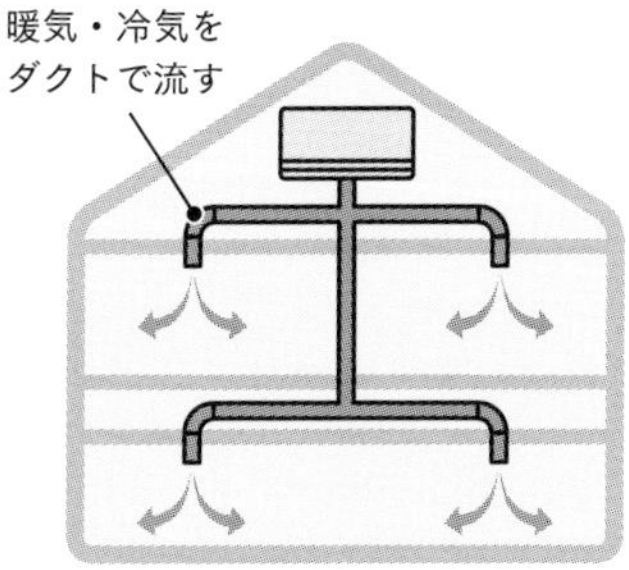

メリット
・間取りの制限が少ない
・断熱費用があまりかからない

デメリット
・設備の設置費と光熱費がかかる
・設備のメンテナンス費がかかる

能力の高いエアコンを１台設置し、ダクトを使って各部屋に冷気と暖気を運ぶ全館空調方式。日射遮蔽量、家の広さなどを検討し、エアコンの能力を決める。各部屋にダクトを通すので間取りの制限があまりないが、設備の設置費や光熱費、メンテナンス費がかかる

エアコン１台＋αで快適にする方法

※断熱性能は、HEAT20 G2 以上を想定

❹ エアコン１台＋床暖房

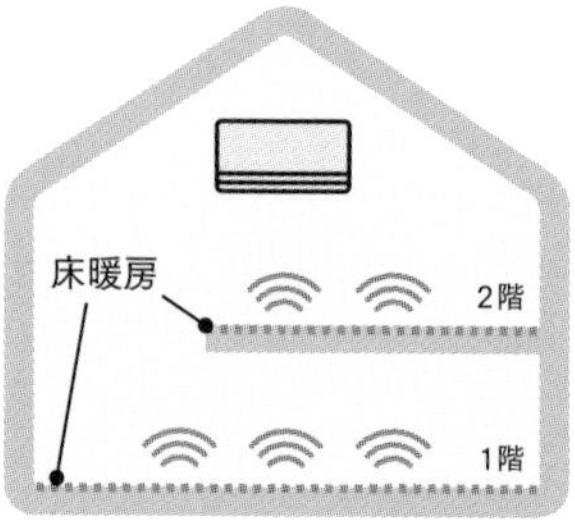

メリット
・部屋のどこにいても足元が暖かい
・メンテナンス費が少ない

デメリット
・設備の設置費がかかる

エアコンは冷房効率を優先させて、天井付近に設置する。冬は日射取得や内部発熱を保温し、各部屋に床暖房を採用することで、足元も暖める。設備が少ないので、すっきりとした空間をつくれるが、1階にリビングを配置した場合、冷気を行き渡らせるための間取りの工夫が必要

❺ エアコン１台＋パネルヒーター

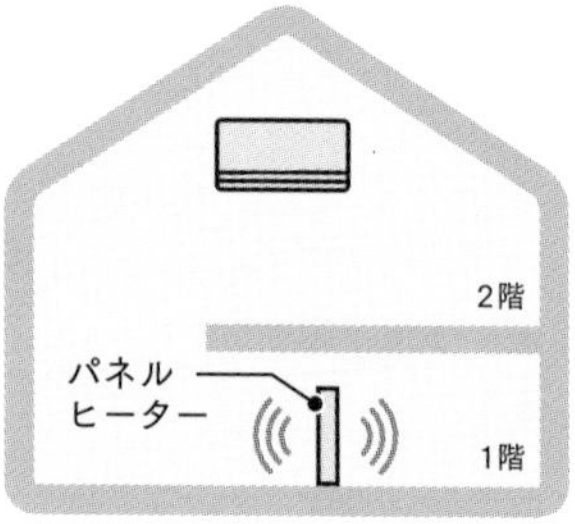

メリット
・設備がシンプルで
　メンテナンスしやすい

デメリット
・パネルヒーターの費用がかかる
・仕切りの少ない間取りの必要がある

エアコンは冷房効率を優先させて、天井付近に設置する。天井ファンを取り付け、空気を撹拌させ、温度ムラを少なくすると同時に、パネルヒーターの輻射熱でじんわりと空間を暖める。冷房もできるタイプのパネルヒーターを選択すれば、夏の冷房・除湿も可能

❻ エアコン１台＋太陽熱温水器

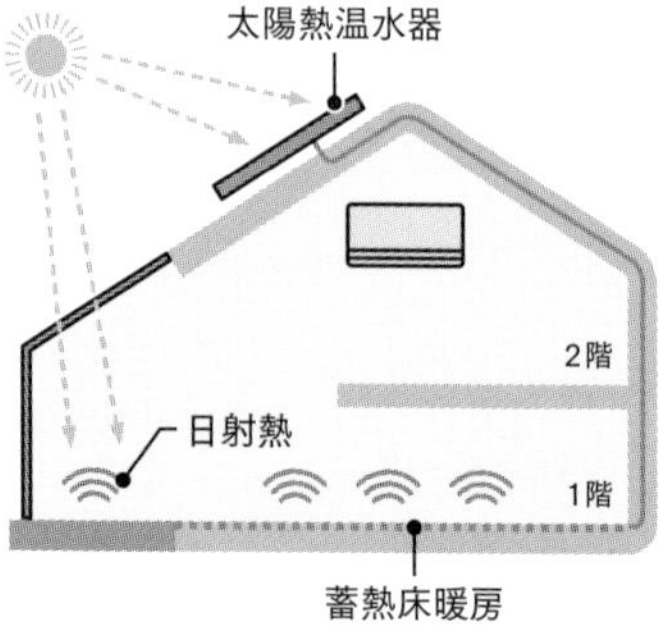

メリット
・光熱費が安い
・自然エネルギーなので、
　環境にやさしい

デメリット
・天候や気候に左右される
・設備の設置費がかかる

太陽の熱を最大限利用できるように、日射取得と蓄熱ができるサンルームのような空間や、太陽の熱でお湯を沸かして温水暖房として活用できる太陽熱温水器を設ける。日照時間の短い寒冷地や、住宅密集地など日射が十分に取得できない場所にはあまり向かない

季節に合わせてエアコン1台を使う方法

※断熱性能は、HEAT20 G2以上を想定

❼ エアコン（上部）＋床下エアコン（下部）

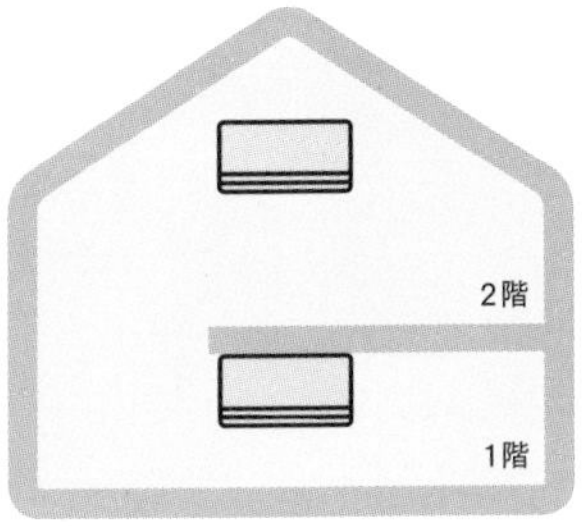

メリット
・一般的な取り付け方法で施工不良が少ない
・メンテナンスをしやすい

デメリット
・1階はエアコンの風が直接当たると不快に感じる

夏用のエアコンは天井付近に設置し、冷気を吹き下ろす。冬用は1階の天井付近に設置し、暖気を吹き上げる。1階のエアコンは、夏場の補助用としても使用できる。温度ムラができないように、天井ファンの設置や間取りの工夫をする必要がある

❽ エアコン＋床下エアコン

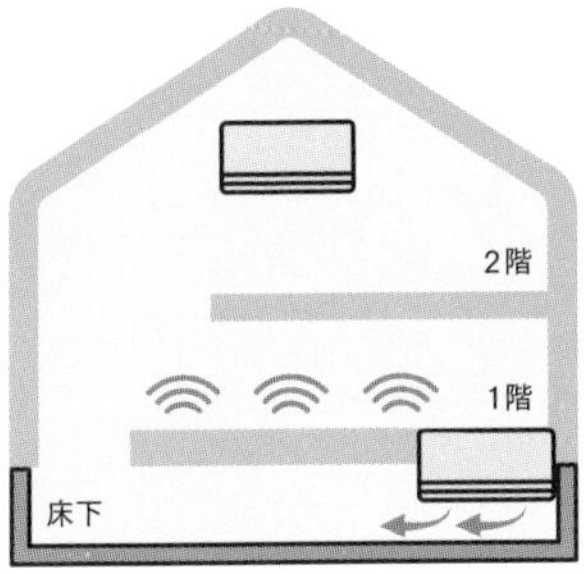

メリット
・直接風が当たらないので不快に感じない

デメリット
・1階の床が暖まるまで時間がかかる

夏用のエアコンは天井付近に、冬用は床下に設置する。床下に設置したエアコンから吹き出た暖気が床を暖めるので、輻射熱のじんわりとした暖かさを感じる。1階リビングの場合、冷気を行き渡らせるための間取りの工夫が必要

❾ エアコン＋床置きエアコン

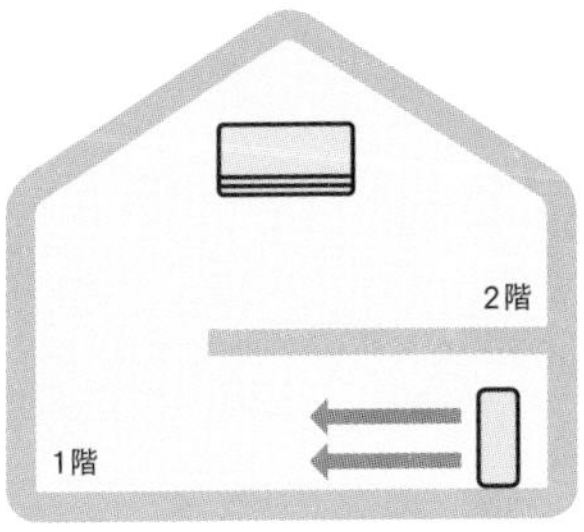

メリット
・床下エアコンより早く暖まる

デメリット
・1階はエアコンの風が直接当たると不快に感じる

夏用のエアコンは天井付近に、冬用は床置きにする。床下エアコンと違い、暖かい空気を直接部屋に吹き出すのですぐに暖かさを感じるが、風が直接体に当たるので不快に感じることがある。また、冷房時にも活用できるが、壁掛けエアコンに比べると風量は劣る

一直線につながるLDK。南東に設置した窓からは、ウッドデッキを通して庭の緑が広がる

CASE 1

SANKO

岡山県岡山市

開放的なリビングから大好きな庭を眺める暮らし

夏の日射を遮ることで快適性と開放感を両立

子育てが一段落し、便利な街中のマンションを購入して暮らしていたS様ご夫婦。しかし、草木の手入れが好きだったご主人が、「土の近くで暮らしたい」と考え直し、築40年の以前の自宅を建て替えることにしました。また、「建て替えるのなら、体に負担のない快適な生活をしたい」という希望もありました。

S様邸が建つ岡山県岡山市は、典型的な瀬戸内海の気候で日射量が年間約2000時間と多く、夏は40℃近くになる猛暑地域です。冬は、比較的暖かく氷点下にはあまりなりません。敷地は住宅密集地ですが、南側は道路に接して開けていたので、南東側に約55坪の庭を設え、その大きな庭を囲うようにL字型に建物を配置しました。庭をいつも眺められるように南側に大きな窓を設けていま

2階平面図

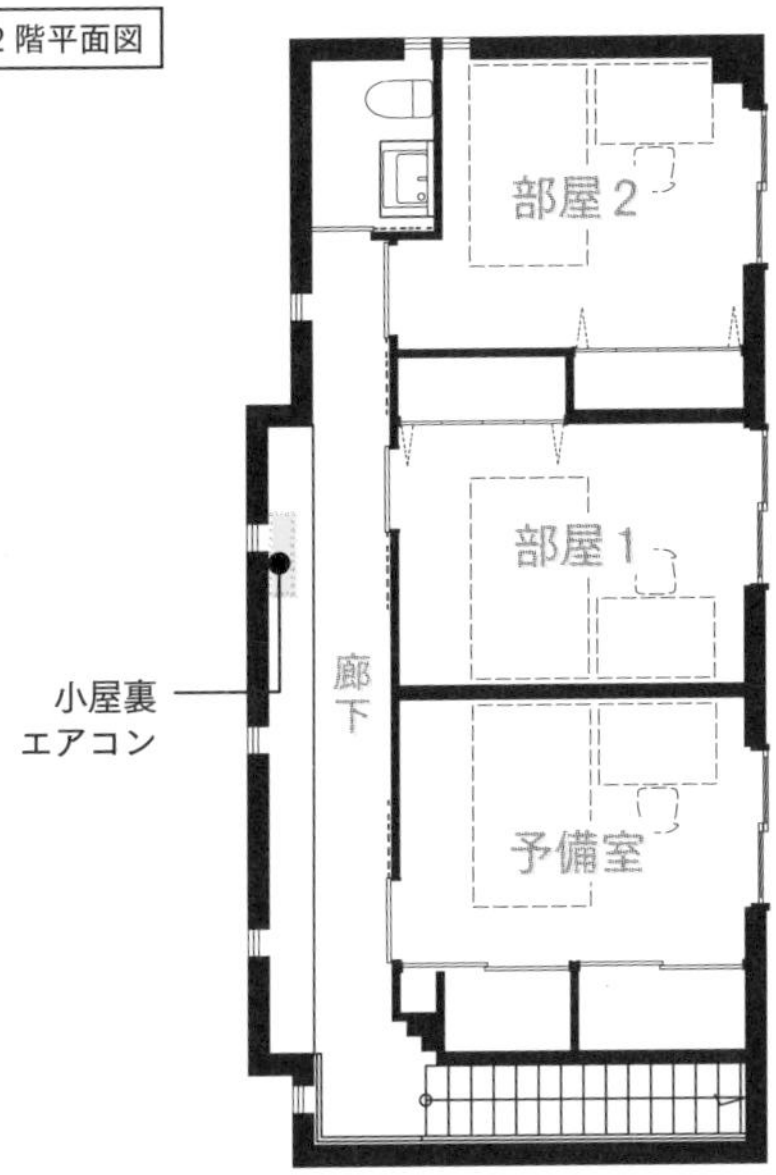

1F／庭に対して開かれたL字型の間取り。回遊できるアイランドキッチンを設け、パーティーなどで複数人が立っても使いやすい
2F／2階のすべての個室は南向きで、窓から庭を楽しめる

DATA

家族構成：夫婦
構造：木造軸組構法
敷地面積：262.48㎡（79.40坪）
延床面積：133.98㎡（40.52坪）
（1階81.40㎡／2階52.58㎡）
設計：GA HOUSE
施工：SANKO

1階平面図

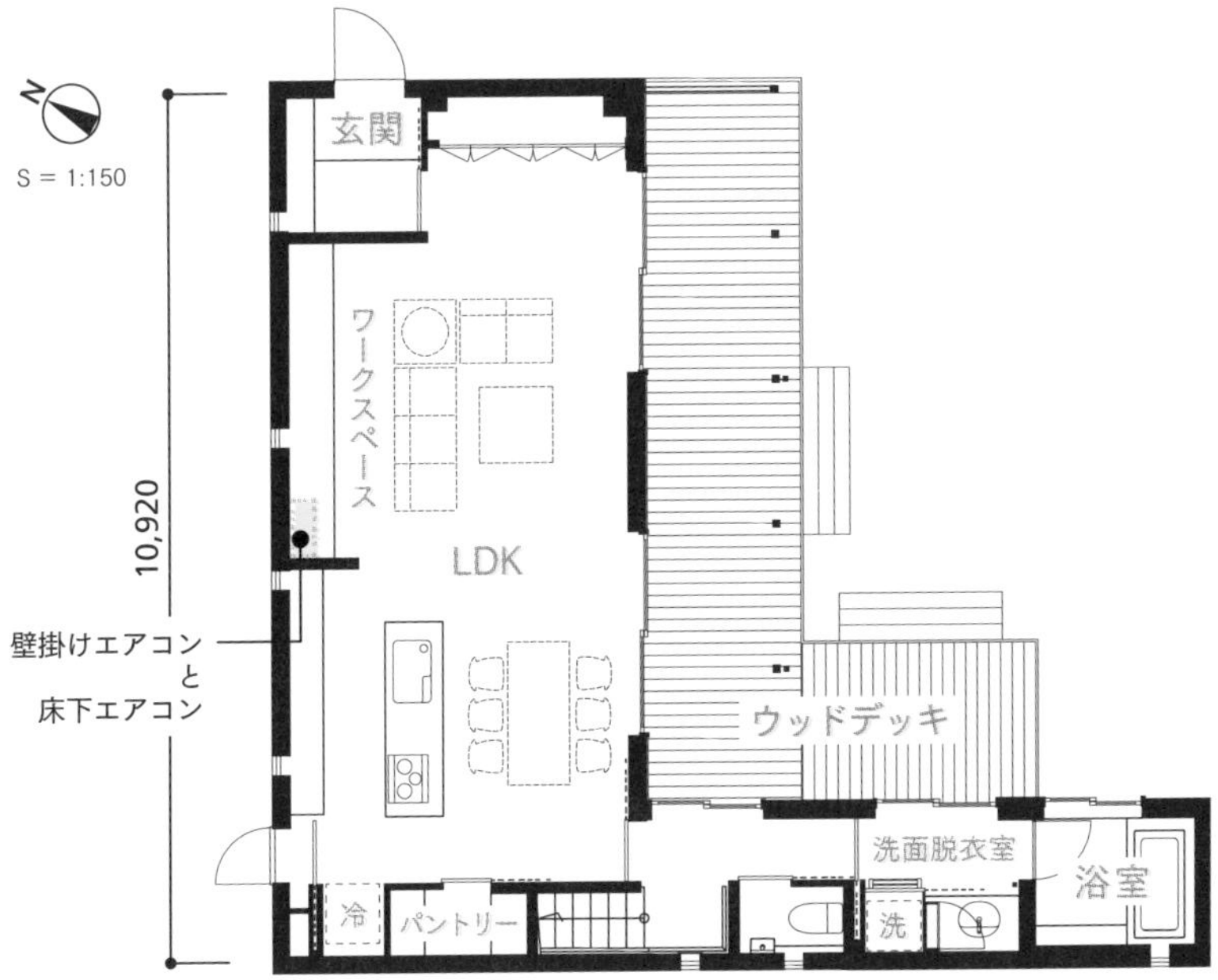

上／南側から庭を介して外観を見る。玄関からつながる蛇行した道を通し、モミジやアイダモを植えている。植栽の手入れはご主人の楽しみの１つでもある　右下／床は無垢のクリ材、壁は漆喰を採用。室内の有害物質除去と調湿効果、さらにリラックス効果を高めている　左下／ウリンでつくったウッドデッキ。夏は仕事仲間や友人を呼んでバーベキューを楽しんでいる。来客者は皆、家の快適性に驚くそうだ

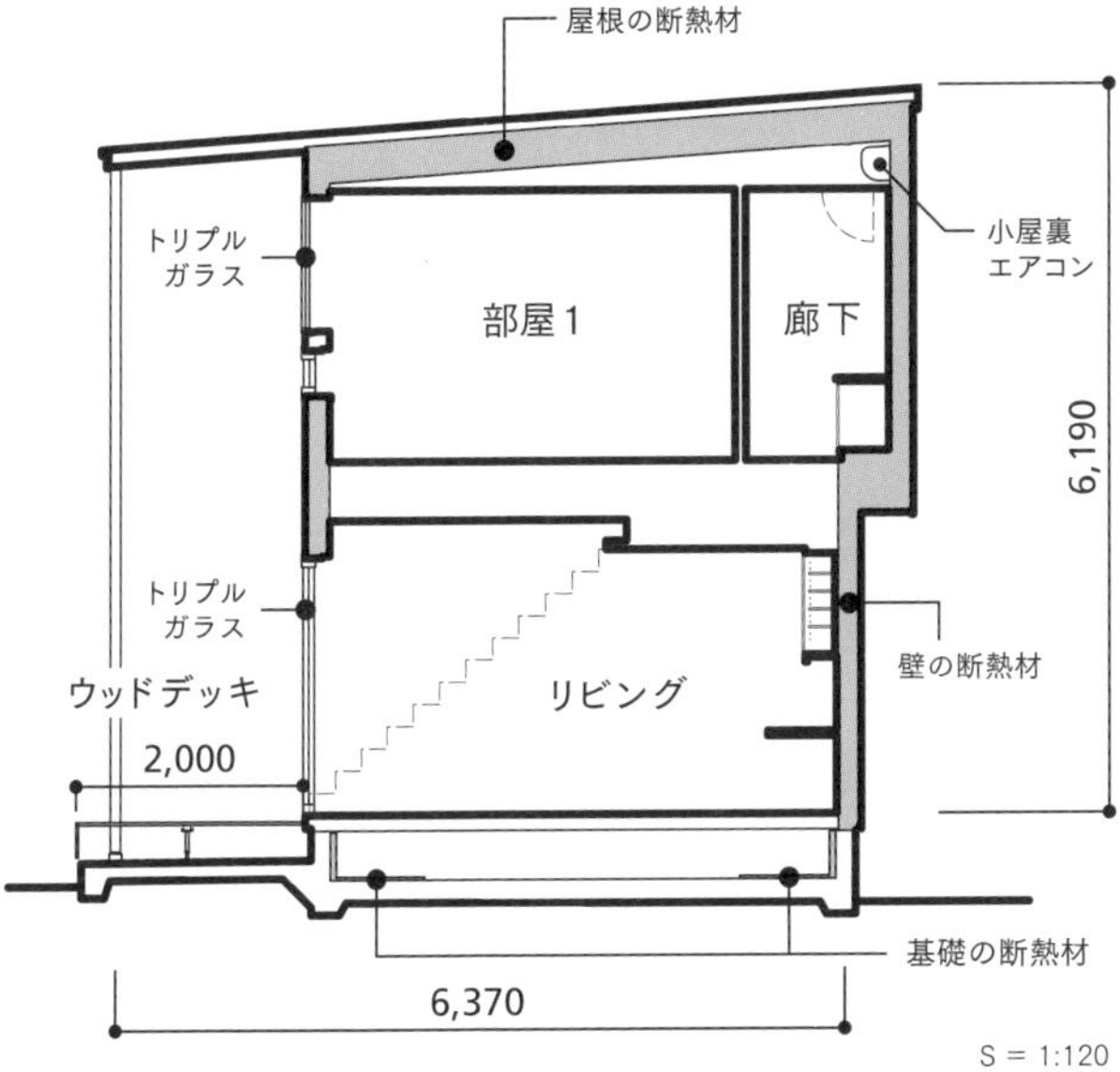

外張り断熱工法は気密シートで躯体を包み、その上から断熱材で覆うため、外気に含まれる湿気が躯体で結露しにくい。また、高気密な家は室内で発生した湿気を計画的に排気するため、壁体内結露を防ぐ。その結果、躯体が長持ちする長寿命な家になる

右／壁の付加断熱施工中の様子。壁の外側にフェノールフォームを50㎜、壁の内側に高性能グラスウール24Kを100㎜施し、高い断熱性能を実現した　左／屋根の断熱施工中の様子。SANKOでは、気密測定だけでなく完成時には全棟風量測定も行っている

す。そんなS様邸ですが、快適に暮らすためには、夏の日射遮蔽と熱い外気を室内に入れない工夫が必要でした。

まず、リビングの大きな窓を含め、すべての窓をトリプルガラスとし、窓から侵入する熱を少なくしています。また、室内と庭をつなぐウッドデッキの上部には、夏の日射遮蔽を考慮した1820㎜の軒を設けるなどの工夫をこらし、大好きな庭を眺めることと、家のなかの快適性を両立させています。

室内の温度ムラをなくし エアコンだけで快適に過ごす

S様邸では、日射遮蔽に加え高い断熱・気密性能を実現することで、エアコンの効きをよくしています。屋根と壁は、発泡プラスチック系断熱材フェノバボードを採用し、さらに壁には付加断熱を行

い、断熱性能を上げています（31頁）。また、気密シートを家の外側からすっぽりとラッピングするように施工し、C値0.06㎠／㎡の高い気密性能も確保。窓が多く開放的な間取りでも、高い断熱・気密性能のおかげで室内の温度ムラはほとんどありません。

設備計画では、エアコンの空気を家全体に循環させるためカウンターアローファンを設置し、床下と小屋裏をつなぐことで、温度ムラをより低減させています。換気は費用が安く、メンテナンスが楽な第3種換気を採用。気密性能が高く減圧型住宅のため1時間に１００～１３０㎥／hの空気を自然給気で行なうことができます。

「家の隅から隅まで、夏は涼しく冬は暖かいためストレスがありません」とS様は話します。緑あふれる庭を眺めながら過ごす快適な生活は、S様の今後の人生をより豊かにしてくれるでしょう。

省エネルギー性能

U_A値	：0.36 W／㎡K	一次エネルギー消費量	：－
η_A値	：－	地域区分	：６地域
C値	：0.06 ㎠／㎡		

断熱仕様

屋根　：フェノールフォーム60㎜「フェノバボード」（フクビ化学工業）

外壁　：フェノールフォーム50㎜「フェノバボード」（フクビ化学工業）
＋高性能グラスウール24K100㎜

基礎　：押出法ポリスチレンフォーム55㎜「ミラフォーム（3種）」（JSP）
＋押出法ポリスチレンフォーム25㎜「ミラフォーム（1種）」（JSP）

気密　：気密シート0.2㎜張り

設備仕様

冷房　：ルームエアコン2.8kW「うるさら７」（ダイキン工業）

暖房　：ルームエアコン2.8kW「うるさら７」（ダイキン工業）

給湯　：ガス給湯器「エコジョーズ　フルオート24号」（リンナイ）

換気　：第３種換気システム（アルデ）

創エネ　：－

その他　：耐震等級３、耐風等級２

上／リビングのワークスペース。夏用の壁付けエアコンと冬用の床下エアコンを造作収納のなかに納めることで、スッキリした空間に仕上がっている　右下／１階の洗面脱衣室。空間がひとつながりなので、冬場でも寒くならない。窓を開ければ洗濯物を干すこともできる　左下／２階のワークスペース。奥の天井に見えるのは、小屋裏に設置したエアコンの吹き出し口。夏は２階のエアコンを主に使い、１階の壁掛けエアコンを予備で使っている

南面に窓を設け、冬の日射を十分に取り入れる。夏は、庇と外付けシェードを活用で日射を遮る

CASE 2
高橋建築
埼玉県秩父郡

自然豊かな環境に建つ小屋裏冷房のある家

小屋裏のエアコン1台で家中をじんわりと冷やす

Y様邸は、秩父の山々に囲まれた自然豊かな敷地に建っています。この環境を存分に生かすために、南面に大きな窓を設置しました。四季を感じられる幸せを得られる一方で、問題になりやすいのが、窓から入る夏の日射熱です。ここでは、外付けのシェードを設置し、夏の日射熱を徹底的に遮断しています。さらに、窓には高断熱のＬｏｗ－Ｅトリプルガラスの樹脂サッシを採用して、家の中の冷房が逃げないようにしています。窓の日射遮蔽に加えて、建物の断熱性能も高めています。屋根は硬質ウレタンフォーム吹付け２５０㎜、壁はフェノールフォーム90㎜＋硬質ウレタンフォーム吹付け80㎜と、躯体も高い断熱性能を確保することで、家全体を冷やしやすくしました。冷房は、4.0ｋＷの小屋裏に設置したエア

2 階平面図

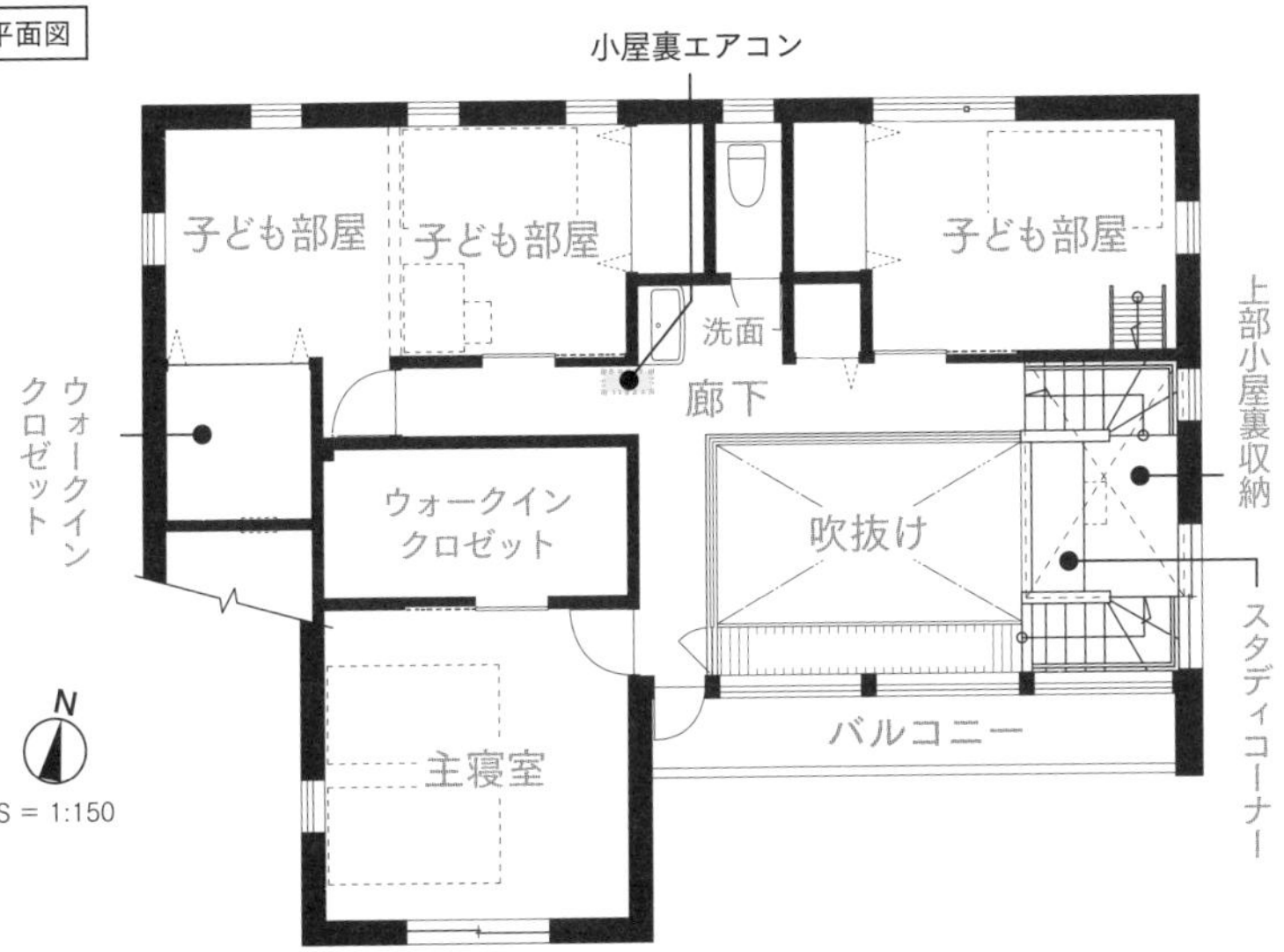

1階平面図

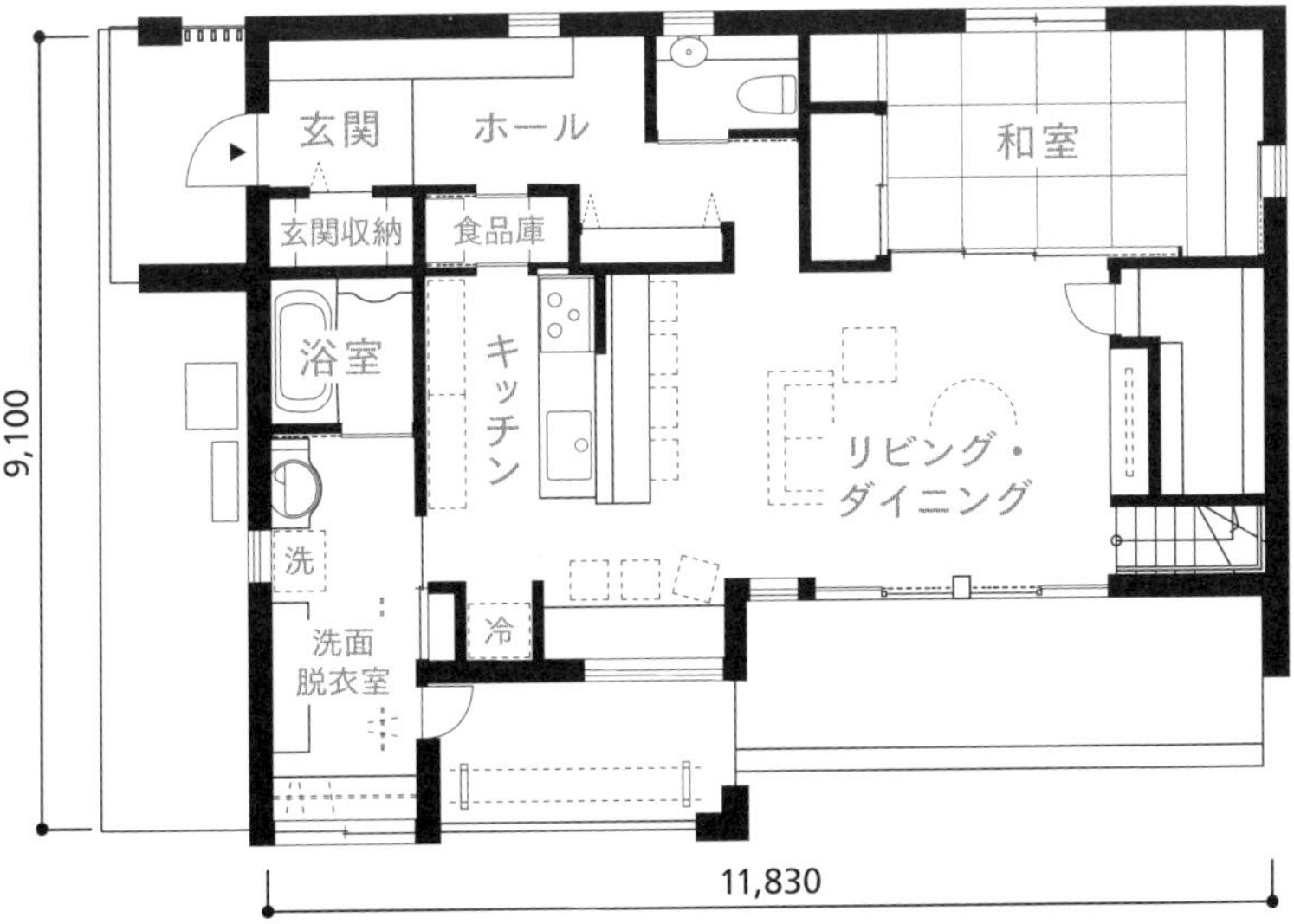

DATA

家族構成：夫婦＋子ども３人
構造：木造軸組構法
敷地面積：499.3 ㎡（151.04 坪）
延床面積：155.67 ㎡（47.09 坪）
（1 階 83.63㎡ ／ 2 階 72.04㎡ ）
設計：高橋建築
施工：同上

吹き抜けを中心とした間取り。2階は家族のプライベート空間が集約されており、1階で生活が完結する

上／1階から吹抜けを見上げる。大きな窓から、周囲の緑を楽しむことができる　右下／2階の吹抜け上部は、南と東の2面に窓を設けている。景色が繋がったように見え、開放感が生まれる　左下／南面の窓には外付けシェードを設置。夏の日中は、シェードで日射を遮る

コン1台を使用。小屋裏に溜まった冷気を2階壁側の天井スリットから2階の居室へ吹き出し、吹抜けなどを通って1階へと冷気が流れる仕組みです。エアコンから直接冷風が吹きつけるのではなく、スリットから緩やかに冷気が落ちるため、不快な風が当たることがなく快適です。また、小屋裏が冷えることによって2階に熱気がこもることなく、さらに壁を伝わって隅々に冷気がいきわたるので、家全体をより効果的に冷やせます。居室にファンやエアコンを設置しないため、運転音がほとんど聞こえず、静かなのも魅力です。

建物の断熱性能が高いので、夏だけでなく、冬も暖かく快適です。「1年中薄着で過ごしています。冬はフリースを着込むことがなくなり、子どもの肌荒れがなくなりました。とても過ごしやすく、のびのびと暮らしています」と、Y様も

上／断熱材を施工している様子。断熱材には「ネオマフォーム」を採用し、外張り断熱とした。施工が容易なため、施工精度に差が出にくいのが特徴　下／屋根には大きな太陽光発電を設置。生活に必要なエネルギーの大半を賄っている

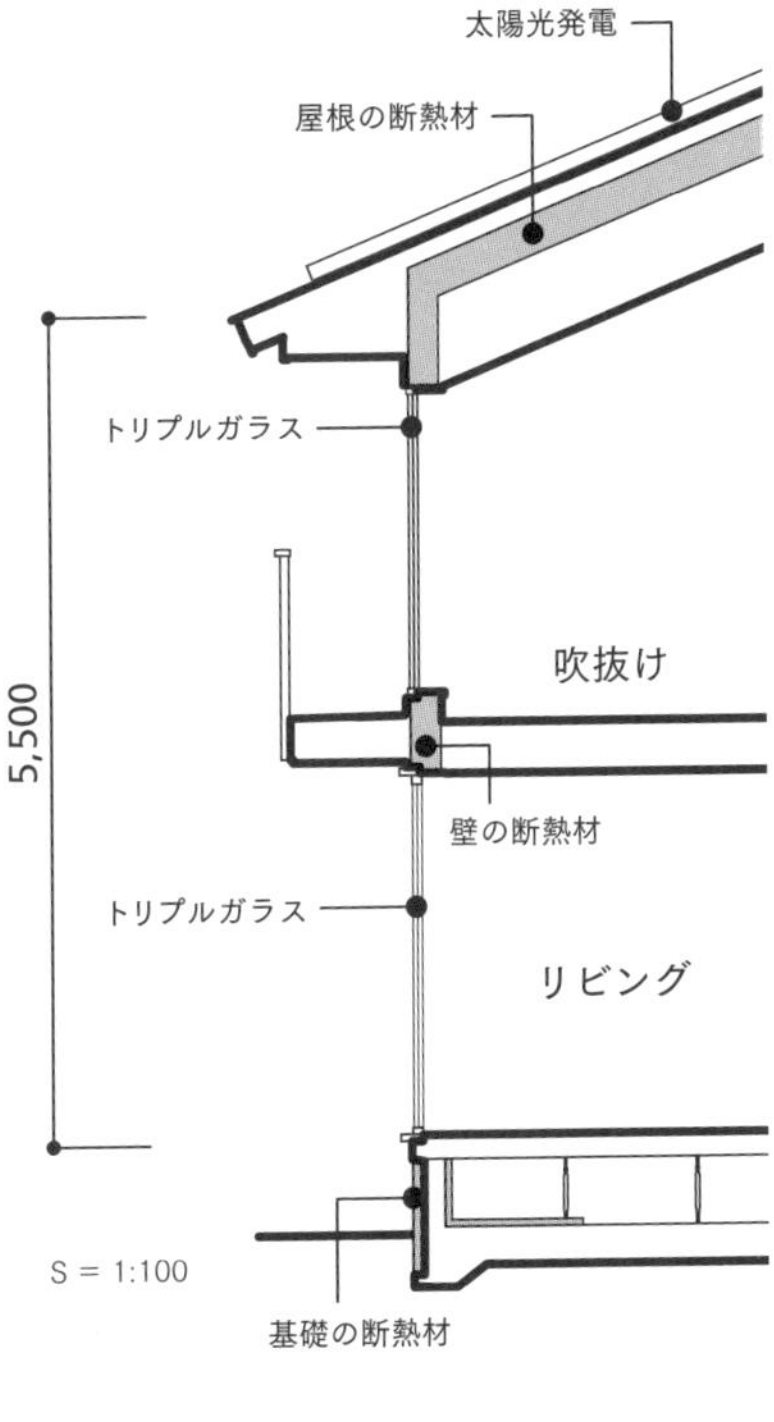

嬉しそうに話します。

長生きの住まいを目指して 設備・素材を選ぶ

高性能住宅は、使用するエネルギーを最低限にしながら、夏は涼しく冬は暖かいことが第一条件となります。しかし、それを達成するうえで特別な設備機器や素材を使ってしまうと、メンテナンスが難しくなったり、故障時に大変な作業が発生してしまったり、エネルギーを無駄に使うことになってしまいます。それらは、建替えのタイミングを早めてしまう原因ともなり、エコとは程遠くなってしまいます。

Y様邸では、特別な設備機器や素材を一切使わず、周辺の地域で簡単に手に入るものを使っています。将来的に不備が発生しても対応できるようにし、「長く住める家」を目指しました。

省エネルギー性能

U_A値	0.27W/㎡K
η_A値	1.8（冷房期）、1.8（暖房期）
C値	0.12㎠/㎡
一次エネルギー消費量	60.1 GJ/㎡年
地域区分	5地域

断熱仕様

屋根	硬質ウレタンフォーム吹付け250㎜「フォームライトSL」(BASF INOAC ポリウレタン)
外壁	フェノールフォーム90㎜「ネオマフォーム」(旭化成建材) ＋ 硬質ウレタンフォーム吹付け80㎜「フォームライトSL」(BASF INOAC ポリウレタン)
基礎	【基礎外張り】ビーズ法ポリスチレンフォーム100㎜「パフォームガード」(プラケン) 【基礎内張り・スラブ上外周部】フェノールフォーム45㎜「ネオマフォーム」(旭化成建材)
気密	外張り断熱のシート気密工法

設備仕様

冷房	ルームエアコン4.0kW（14畳）「S40VTAXP」(ダイキン工業)
暖房	ルームエアコン4.0kW（14畳）「S40VTAXP」(ダイキン工業)
給湯	電気式ヒートポンプ給湯器（パナソニック）
換気	第1種全熱交換換気システム「SE200RS」(ローヤル電機)
創エネ	太陽光発電8.51kW（ソーラーフロンティア）
その他	―

上段／冬、リビングを約20℃に暖房したときの2階の寝室の様子。壁、天井ともに20℃で室内の温度ムラが少ないことが分かる
下段／冬、リビングを約20℃に暖房したときの浴室の様子。床は18.2℃だが、壁の温度などが20℃近くあり輻射熱で裸になっても寒く感じない

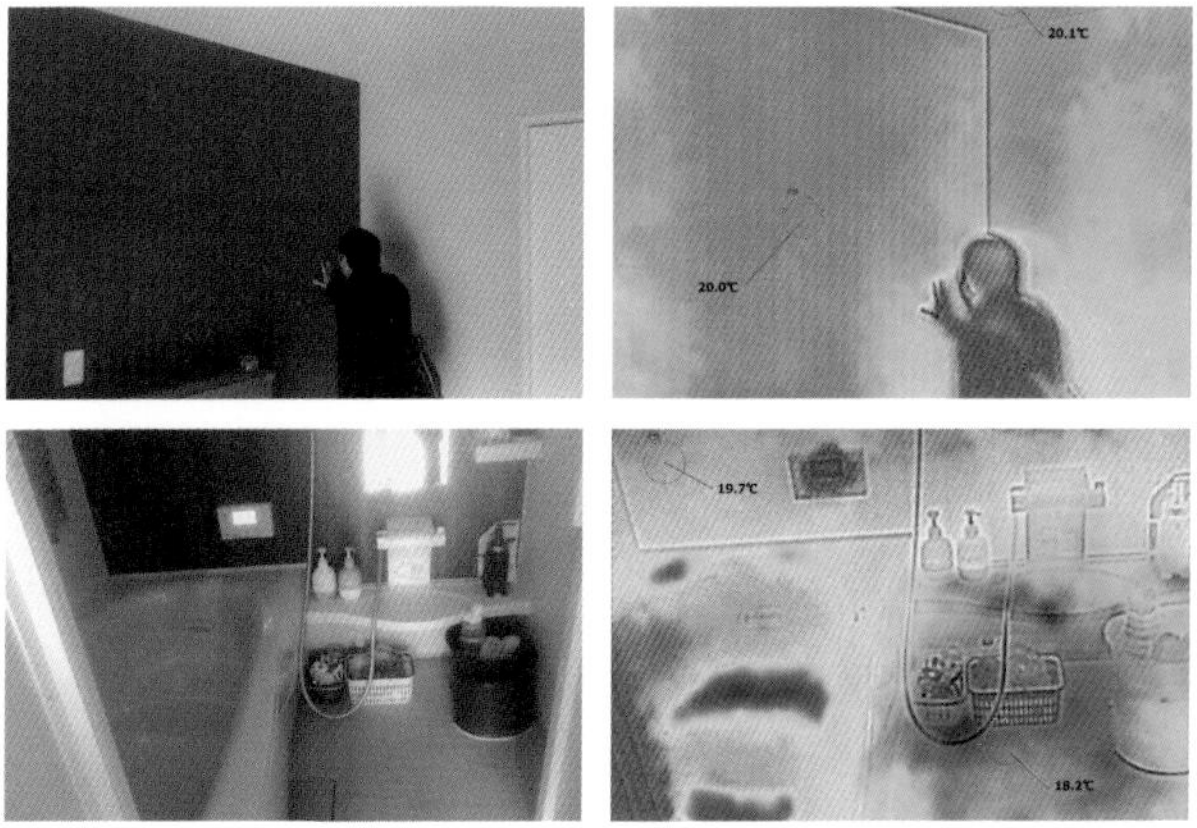

和室とリビングを見る。リビングの窓だけでなく、和室の東面にも窓を設けることで、畳でくつろぎながら外の景色を眺めることができるようにした

LDKに吹抜けを設け、1・2階の温度差を軽減させた

CASE 3

ディテールホーム（坂井建設）

新潟県燕市

全館空調で温度が一定 雪国新潟の冬も快適な家

家の暖かさを逃がさない付加断熱とトリプルガラス

新潟県の中央あたりに位置する燕市は、内陸型の気候で夏は暑く、冬は寒くて50cm程度の雪が積もるときもあります。11月～3月は曇りや雨、雪の日が多く、晴れの日はほとんどないため、全国でも日照時間が短いエリアになります。夏の気温は34℃を超えることは滅多にありませんが、湿気が多く蒸し暑くなります。

奥様の出産を機に家づくりを検討していたO様ご夫婦は寒さが苦手なため、どこの部屋にいても温度差が少なく暖かい家を求められました。また、ランニングコストを抑えた経済性も重視されました。ディテールホームが提案したのは、「エアコン1台で家全体を温め、温度差が少ない全館空調の家」です。

まず、断熱性能を上げるために、外壁は硬質ウレタンフォームの吹付けとフェ

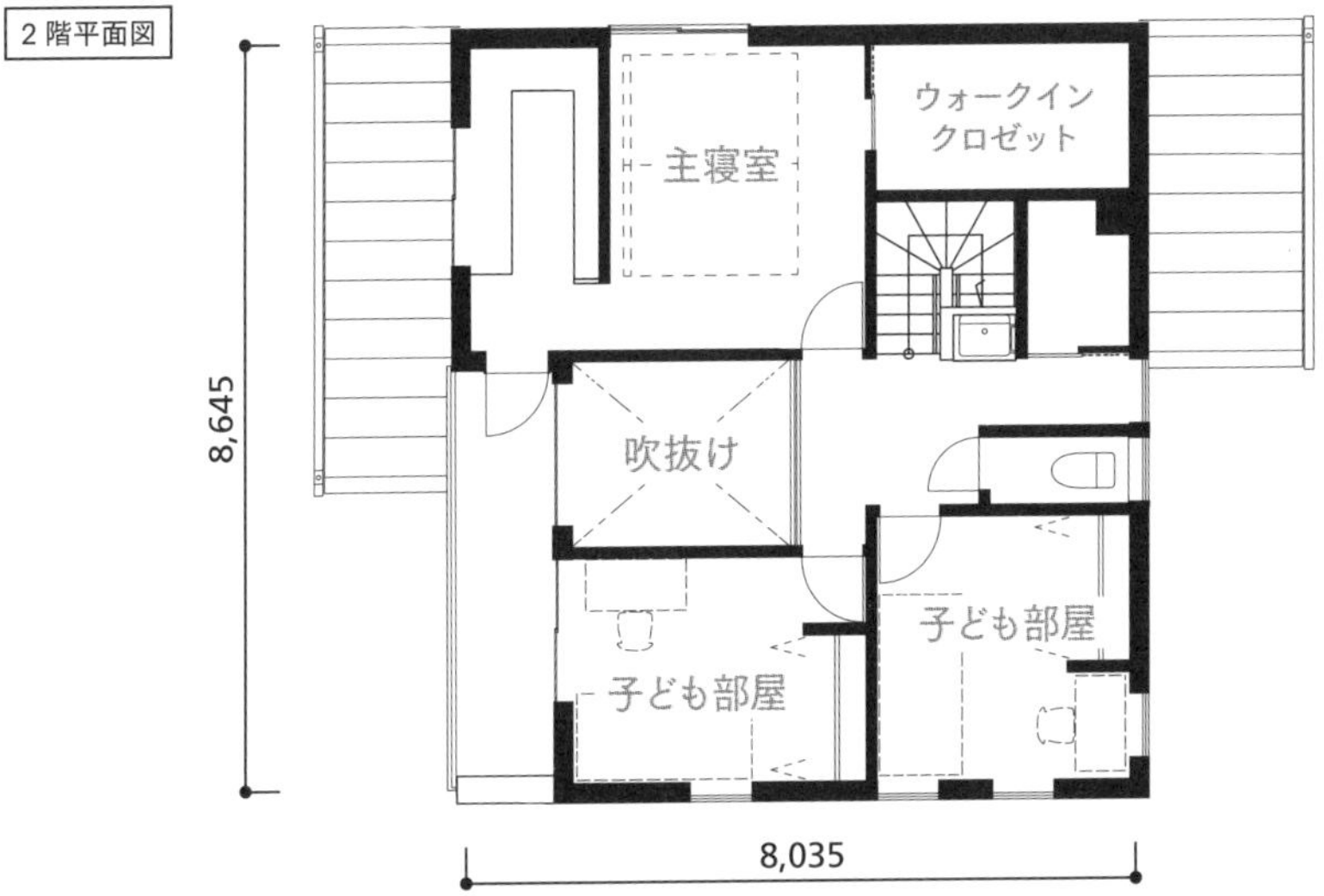

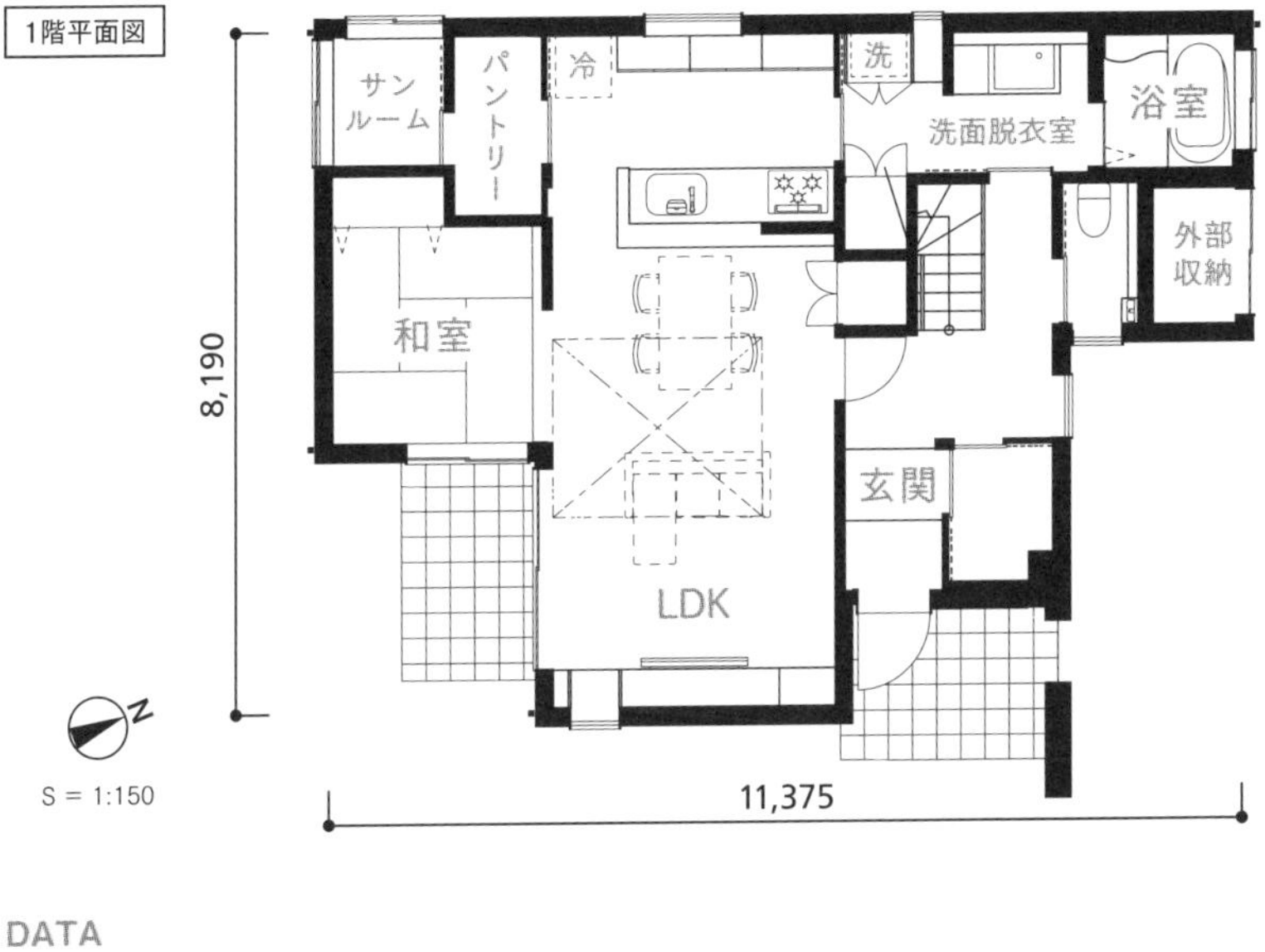

DATA

家族構成：夫婦＋子ども１人
構造：木造軸組構法
敷地面積：192.05 ㎡（58.09 坪）
延床面積：127.58 ㎡（38.59 坪）
（1 階 99.12 ㎡ ／ 2 階 57.20 ㎡ ）
設計：ディテールホーム／坂井建設
施工：同上

1F ／ランドリールームとパントリー、キッチン、クロゼット、洗面脱衣室、浴室を一直線にまとめて家事のしやすい導線を実現　2F ／吹付けの上部にあるFIXのトリプルガラスは、南東からの日射を室内へ届ける

キッチンの壁には木やタイル、間接照明を用いた。また、すべての内装建具は枠のないスッキリした「ソルハイトドア®」（神谷コーポレーション）を採用し、細部にこだわった上質な空間を演出している

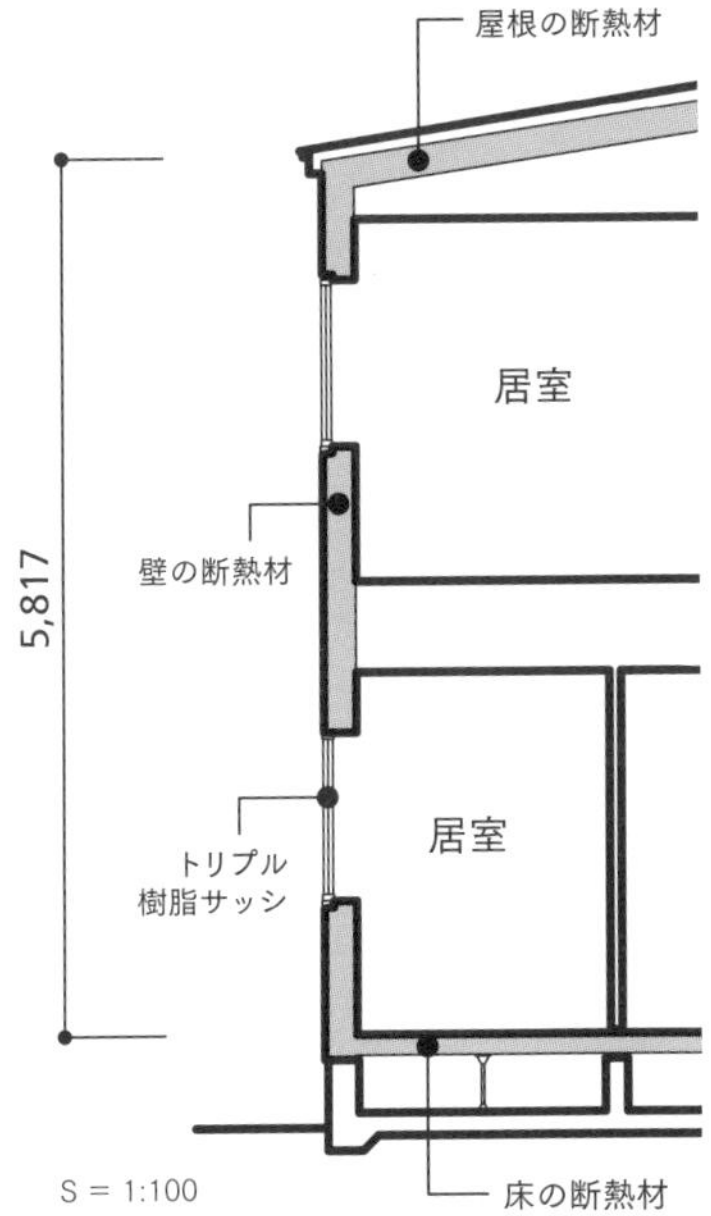

上／屋根の断熱は、吹付け硬質ウレタンフォームを200㎜施工。屋根は緩やかな勾配の片流れ　中央／吹付け硬質ウレタンフォームを用いた付加断熱の様子。凹凸や細かな部分にもしっかりと断熱材が充填され、気密性能をあげている。断熱施工後と完成時に気密検査を2回実施し、施工精度の確認も行った　下／熱伝導率が0.020W / mKのプラスチック系断熱材を床断熱に採用

ノールフォーム断熱材を用いた付加断熱を採用しました。硬質ウレタンフォームの吹付けは、水を使って現場で発泡させる断熱方法で、泡のような素材が外壁材同士の隙間を防ぎ、高い気密性能を確保してくれます。すべての窓にはトリプルガラスを設置。断熱タイプのガラス（42頁）なので、冬場は日射を取り入れながら、部屋の暖かい空気は逃がしません。断熱性能を表すU_A値は0.31W／㎡Kで、HEAT20（27頁）のG2レベルに相当します。また、気密性能を表すC値は、0.37㎠／㎡をクリアしています。

熱交換システムの採用で暖房効率を上げてお得に

O様邸は高い断熱・気密性能を実現することで、寒い冬も14畳用に該当する5kWのエアコン1台だけで全館暖房

を行えるため、日々のランニングコストも以前の家よりお得になったそうです（56頁）。O様邸ではさらに経済性を追求し、換気設備には熱交換率が90％の日本スティーベルの第1種熱交換換気システムを採用しています（140頁）。換気のときに冷たい外気が入ってこないので、暖房の効きもよく、効率も落ちません。暖かい家のなかで家族一緒に過ごす時間がなによりも贅沢だとO様は微笑みます。

造作収納をあしらった洗面化粧台。空間がひとつながりなので、冷でも寒さを感じない

省エネルギー性能

U_A 値	：0.31W / ㎡K	一次エネルギー消費量	：－
η_A 値	：1.3（冷房期）、1.0（暖房期）	地域区分	：5地域
C 値	：0.37cm² / m²		

断熱仕様

屋根　：硬質ウレタンフォーム吹付け 200㎜「アクアフォーム」（日本アクア）

外壁　：硬質ウレタンフォーム吹付け 90㎜「アクアフォーム」（日本アクア）
＋フェノールフォーム 60㎜「ネオマフォーム」（旭化成建材）

床　：フェノールフォーム 95㎜「ネオマフォーム」（旭化成建材）

気密　：硬質ウレタンフォーム吹付け＋テープ処理

設備仕様

冷房　：アメニティビルトイン形エアコン 5.0kW「S50RLV」（ダイキン工業）

暖房　：アメニティビルトイン形エアコン 5.0kW「S50RLV」（ダイキン工業）

給湯　：ガス給湯器「エコジョーズ フルオート RUF-E2405AW」（リンナイ）

換気　：第１種熱交換換気システム「LWZ-170Plus」（日本スティーベル）

創エネ　：－

その他　：耐震等級３

上／無機質な白のガルバリウムとレッドシダー、塗り壁（ジョリパッド）をバランスよく配置したシンプルな外観。メンテナンス性を考慮した素材を用いた　右下／玄関横には、家族３人分の靴や季節の荷物も収納できる1.5畳分のクロゼットを配置。天井の高さまである鏡が空間に奥行を与える　左下／積雪が多い地域であることと外観をシンプルに見せるために、庇を設けていない。その分、建物を凹ませ玄関の場所をセットバックさせ、雨や雪で濡れないように工夫している

外壁はシンプルで耐久性の高いベルアートとレッドシダーを使用。屋根のデザインを統一したビルトインガレージを設けた

CASE 4

日建ホーム

千葉県印西市

全館空調で年中快適 借景を楽しめる平屋の家

体感温度に着目し 断熱材と窓を検討

結婚を機に家づくりをスタートされたT様。以前住んでいたアパートでは、夏の暑さと冬の寒さ、冬の結露、隣戸の音などが気になっていたため、持ち家を希望しました。T様が購入された敷地は千葉県印西市の郊外の丘陵地で、春・秋の中間期が比較的長いが、夏は40℃近くまで気温が上がり、冬は0℃近くまで下がるときもあります。まわりに建物のない立地で、北側は雑木林が広がっており、南側からはなだらかに続く風景を見渡せる豊かな自然に囲まれた場所です。日建ホームは、南側からの眺望はもちろん、年間を通しての採光と風の流れに配慮した平屋のプランを提案しました。

設計では体感温度に着目し、床・壁・天井の表面温度を温熱専用ソフトでシミュレーションし、敷地のプランを生か

東西に細長いプラン。南側からの風が北側の雑木林に向けて抜ける風の流れを意識した

1階平面図

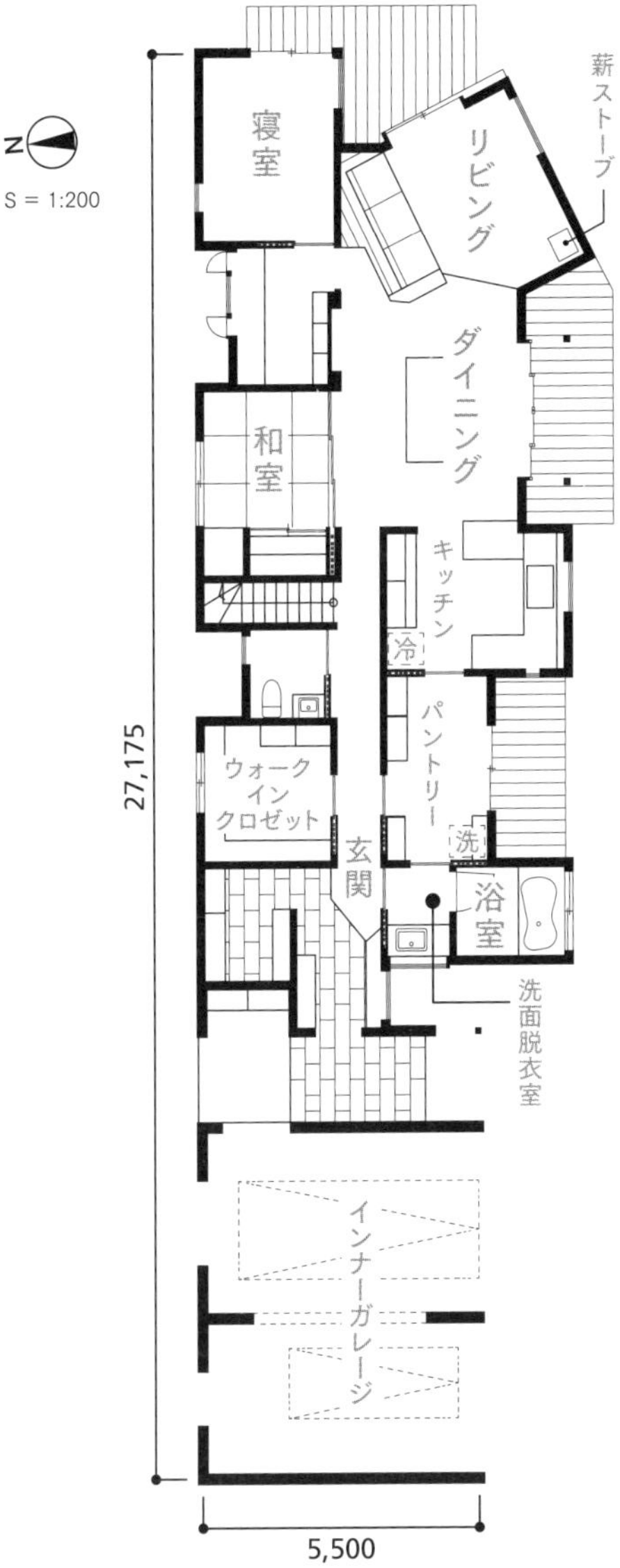

2階平面図

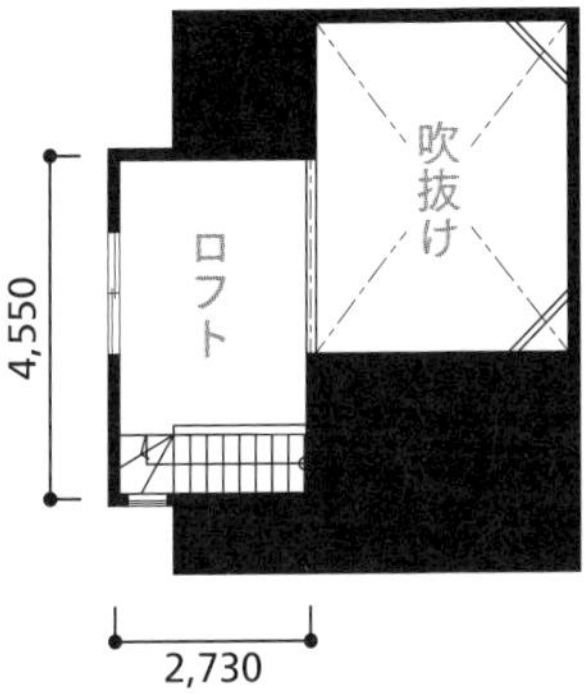

勾配天井にすることで、平屋ながら奥行きのある広々とした空間を実現している

DATA

家族構成：夫婦＋子ども１人
構造：木造軸組構法
敷地面積：568.32㎡（171.91坪）
延床面積：123.38㎡（37.38坪）
（1階110.96㎡／2階12.42㎡／ガレージ36.85㎡／ポーチ9.46㎡）

設計：日建ホーム
施工：同上

上／和室からダイニングを見る。手に触れる素材は、無垢材や漆喰など自然素材を使用。同社では引渡し前の化学物質測定も行っている　下／リビングは、ダイニングから１段下げて、こもり感のある落ち着いた空間。薪ストーブも設置した

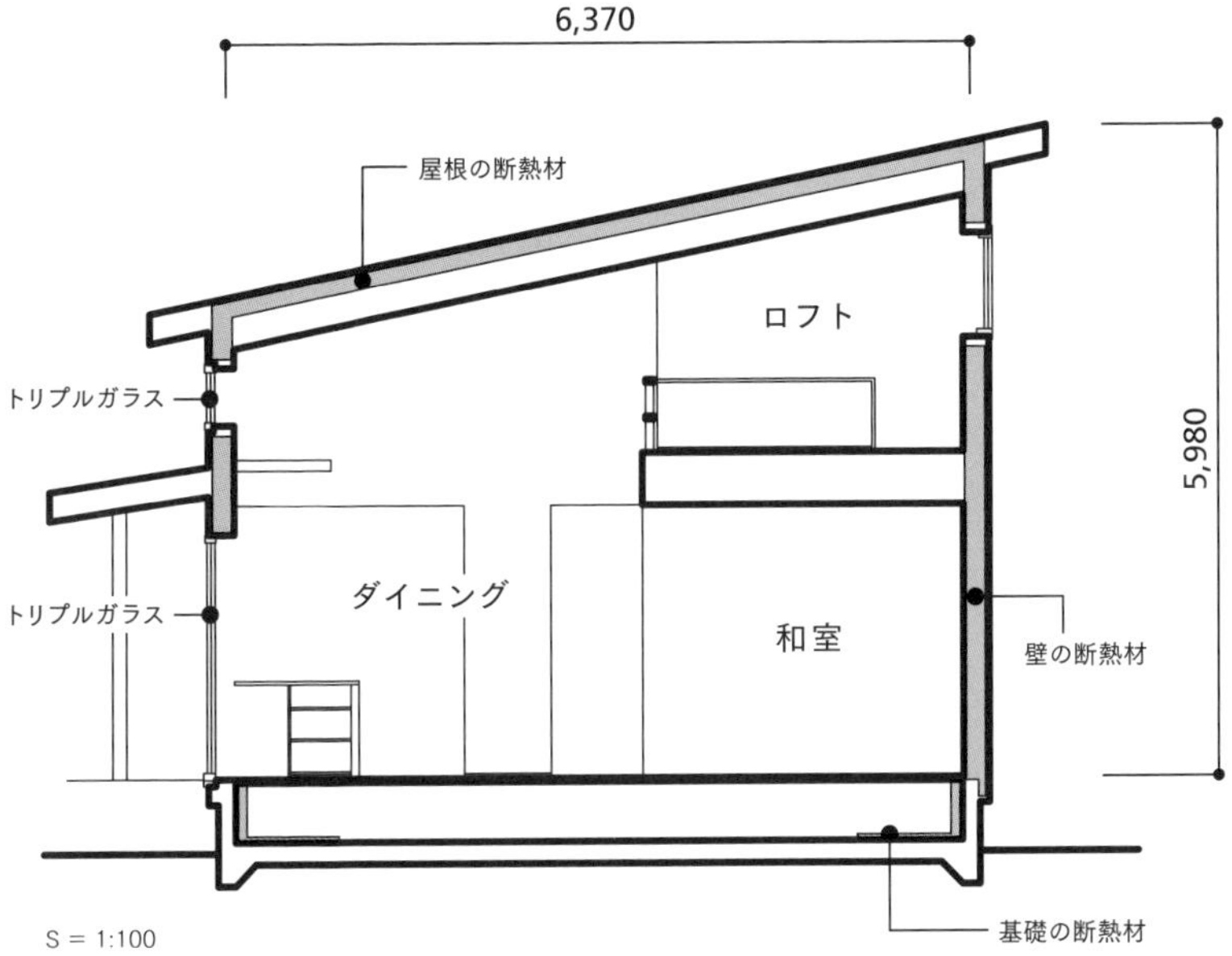

上／大きな軒と、窓庇を付けることで、夏の日射遮蔽を配慮　左／全熱交換型の第1種換気システムとエアコンダクト　右／屋根の断熱施工の様子。気密は、高性能グラスウールを施工する際の気密シートの施工精度を上げることで、0.71㎠/㎡を実現している

した東西に長いプランにしました。さらに、日射遮蔽のための軒の出、断熱材の組み合わせ、窓のサイズや高さ、大きさなどを検証しました。特に窓の位置は地域特有の風配図を参考にしています。すべての窓をトリプルガラスにし、借景を楽しみつつ、温熱環境に配慮された家を目指しました。

ダクト式エアコンで夏も冬も全館空調

平屋であるT様の家は、勾配天井にすることで、空間に奥行きをつくり伸びやかな印象を与えます。屋根断熱、付加断熱、基礎断熱でしっかりと断熱性能を確保した結果、U_A値は0.34W/㎡Kです。

換気には熱交換率90%の第1種熱交換換気システムを採用し、そこにダクト式エアコンを組み合わせることで、効率よく、より少ないエネルギーで全館空調の快適な室内環境をつくりだしています。空気の流れを調整するダンパーを設けることで、暖房の風は床下や暖房負荷の多い窓下部分から吹き出します。一方で、冷房は天井から吹き出すようになっており、効率のよい風の流れを計画しています。また、ダクト式にすることで、風が直接体に当たることがなく、不快さも感じません（１１１頁）。

「エアコンの設定温度は、夏は25～27℃で室温は24～26℃です。冬は21℃設定で、室温は22～23℃を保っています。エアコンを24時間付けっぱなしにしていますが、電気代はそれほどかかっていません。冬も素足で過ごせて快適です」とT様は満足そうです。リビングには、ご主人の希望でインテリアと合わせて置いた薪ストーブがあります。冬は薪ストーブ独特の暖かさに癒やされる時間も楽しんでいます。

省エネルギー性能

U_A 値	： 0.31W / ㎡K	一次エネルギー消費量	： 54.0GJ/（戸・年）
η_A 値	： 0.9（冷房期）、0.9（暖房期）	地域区分	： 5地域
C値	： 0.71cm² / m²		

断熱仕様

屋根　：【垂木間断熱】100㎜
　　　　＋【外断熱 30㎜】フェノールフォーム「ネオマフォーム」（旭化成建材）

外壁　：フェノールフォーム 60㎜「ネオマフォーム」（旭化成建材）
　　　　＋高性能グラスウール 105㎜「アクリアネクスト 14K」（旭ファイバーグラス）

基礎　：【基礎内張り・スラブ上外周部】押出法ポリスチレンフォーム 50㎜
　　　　＋100㎜「ミラフォーム」（JSP）

気密　：シート気密工法

設備仕様

冷房　：アメニティビルトイン形エアコン 5.0kW「S50RLV」（ダイキン工業）

暖房　：アメニティビルトイン形エアコン 5.0kW「S50RLV」（ダイキン工業）

給湯　：電気ヒートポンプ・ガス併用型給湯器
　　　　「エコワン／シングルハイブリッド一体 160L」（リンナイ）

換気　：第1種熱交換換気システム「LWZ-170」（日本スティーベル）

創エネ：－

その他：耐震等級3、耐風等級2

上／ブルーのタイルとウォルナットの扉が落ち着いた雰囲気のコの字型のキッチン。キッチンの窓からも借景を眺められる　右上／玄関ドアは、断熱性能の高いユダ木工の木製ドアを採用　右下／キッチンと洗面室の間には、パントリー兼用のランドリールームがある。「室内干しでもよく乾きます」と T様　左／ヒノキのほのかな香りのする浴室。窓を開ければ、半露天風呂気分を楽しめる

巻末付録

環境先進国ドイツの顕熱交換式換気システム

LWZ

【日本スティーベル】

六角形の熱交換器

冷気と暖気の接触面積を増やすことで熱交換率90%を実現

LWZ 本体

壁に固定できるため、メンテナンスや点検がしやすい

「LWZ」のここがすごい!!

独自の定風量制御装置付き

圧力損失を感知するセンサーがファンを自動で調整することにより、必要換気量を安定して供給できる

優れたメンテナンス性

天井に埋め込まない壁に固定するタイプだから、気軽にフィルターの掃除ができる

高い熱交換性能

熱交換率が90%の顕熱交換型の第1種換気システムだから、室内の熱を無駄にしない

「LWZ」基本仕様

形式名称		LWZ-70	LWZ-170	LWZ-270
定格電圧		単相200V		
対応延床面積（平均天井高2.4m時）		約140㎡まで	約190㎡まで	約270㎡まで
本体寸法	幅（㎜）	560	675	
	高さ（㎜）	600	602	
	奥行（㎜）	290	445	455
風量（㎥/h）		50～180	50～250	50～350
消費電力（W）		13～96	16～130	12～130
本体重量（kg）		25	31	32
価格（税込）		325,000円	350,000円	400,000円

換気による熱損失を抑える

断熱性能を高めるだけでは、本当に省エネで心地よい室内環境はできません。気密性を高め、確実に換気が行われて初めて「高断熱住宅」が生きてきます。日本スティーベルの「LWZ」は、環境先進国ドイツ製の顕熱交換型の第1種換気システム。室内の空気と外気を入れ替えるときに、室内の空気から熱を回収し、新鮮な外気を室温に近づけてから室内に送ります。

冬が長く、寒さが厳しいドイツでは、換気による熱ロスが室内環境に大きく影響するため、顕熱交換型換気が主流です。一方、日本では、第3種換気システム（機械排気・自然給気）が一般的で、冬になると給気口からの冷気が不快で寒いでしまっている家も少なくありません。

「LWZ」の熱交換率は90%。これは、排出する熱を90%回収するという意味です。たとえば外気温度が0℃で室内温度が20℃の場合、0℃の外気は約18℃に暖められて室内に給気され、室内の空気は2℃になって排気されます。排気する熱を給気に再利用することで、熱損失を抑え、冷暖房負荷を減らす、エネルギーロスを徹底的に抑えた換気の方法です。

さらに「LWZ」には、給気と排気のダクト長の違いで生じる空気抵抗

（圧力損失）を解消するため、換気風量を常に最適に維持するように、ファンの回転数を自動調整する機能があります。５m^3／h単位で給気量と排気量がバランスを取るように調整されるため、計画的な換気が可能となります。

熱だけ回収する顕熱式のメリット

「ＬＷＺ」の高い熱交換率は、本体に搭載されている六角形の熱交換器にあります。冷気と暖気が接触する面積（熱を伝達する面積）を増やすことで、より多くの熱を回収しています。

また、顕熱式であることも重要なポイントです（顕熱式については１００頁）。「ＬＷＺ」は、温度だけを熱交換し、湿気（水蒸気）は交換しません。室内の空気に含まれた湿気は、そのまま外に排出されます。全熱式のように熱交換器で調湿された空気が給気されるのは魅力ですが、寒冷地では熱交換素子（熱交換する部材）が水分を含むことで結露し、それが凍結する可能性があります。そうなると熱交換器が機能しなくなってしまいます。

「ＬＷＺ」は熱の回収に機能をしぼることで、効率を上げています。ちなみにドイツでは顕熱式が一般的。換気・除湿や加湿は分けて考えます。

熱のみを回収する顕熱式には、機能がシンプルゆえのメリットもあります。湿気の移動がないため、新鮮な外気と汚れた室内の空気が混ざりません。全熱交換式の場合は、浴室やトイレには別途換気扇を設けますが、「ＬＷＺ」は湿気に含まれるカビや臭気はそのまま外に排出するため、浴室やトイレの換気にも対応可能。「ＬＷＺ」１台で家全体の換気をまかなえるのです。

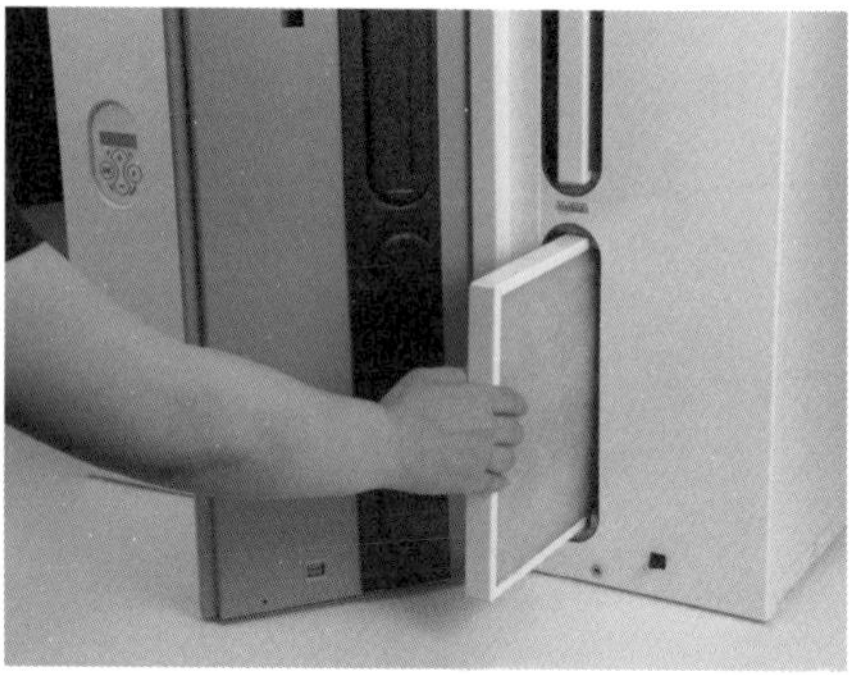

「ＬＷＺ」は、メンテナンスすることを前提に設計されているため、天井に埋め込まず、壁に固定するタイプ。フィルターの洗浄や交換が誰でも簡単に行える。メンテナンスしやすいことも、換気をしっかり機能させるための重要なポイントである。換気による冷暖房負荷を徹底して抑え、常に快適な室内環境をつくる「ＬＷＺ」は、心地よい省エネ住宅をつくるうえで必須アイテムといえるだろう

「LWZ」の空気の流れ

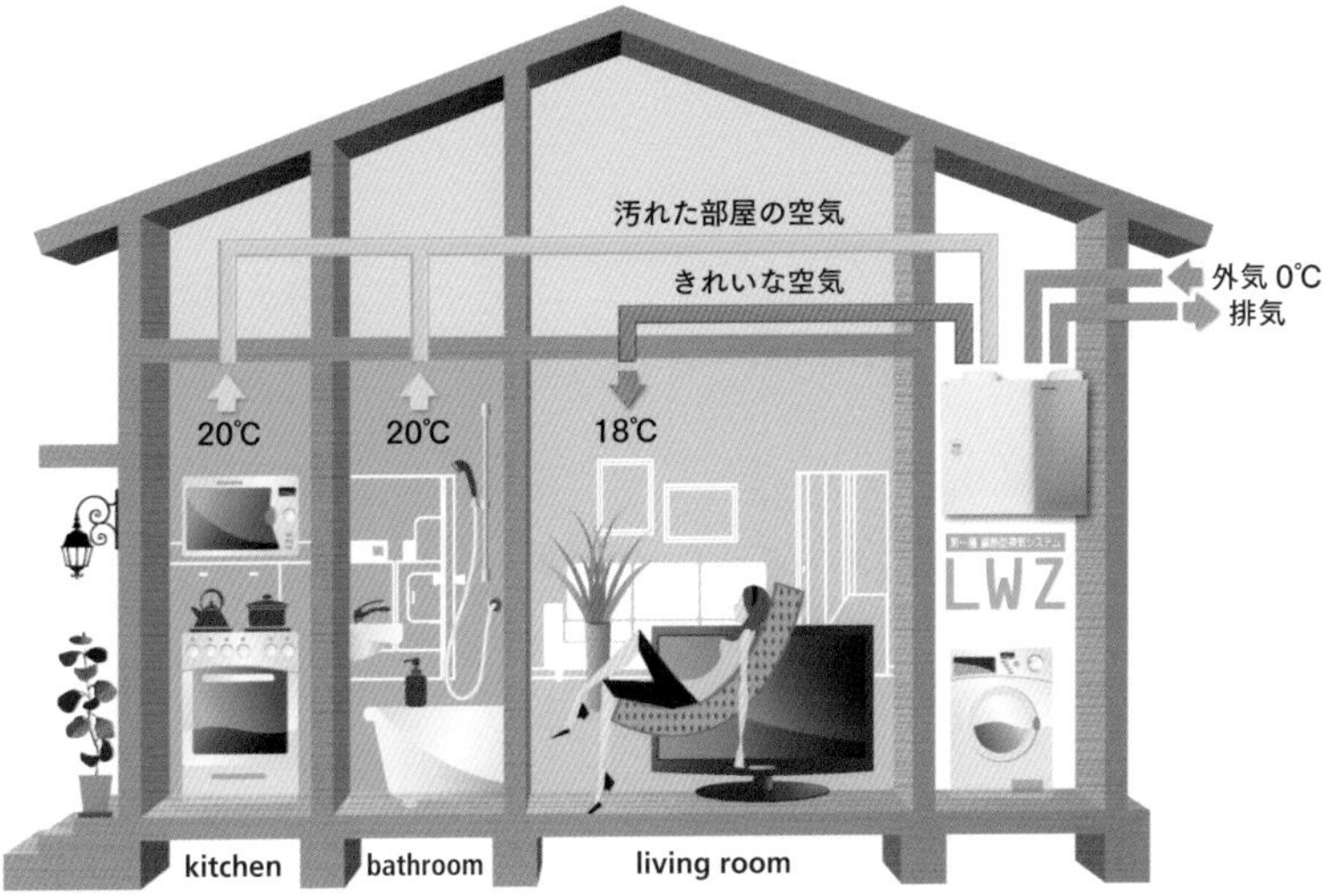

●年間の冷暖房、換気費用比較（※１）

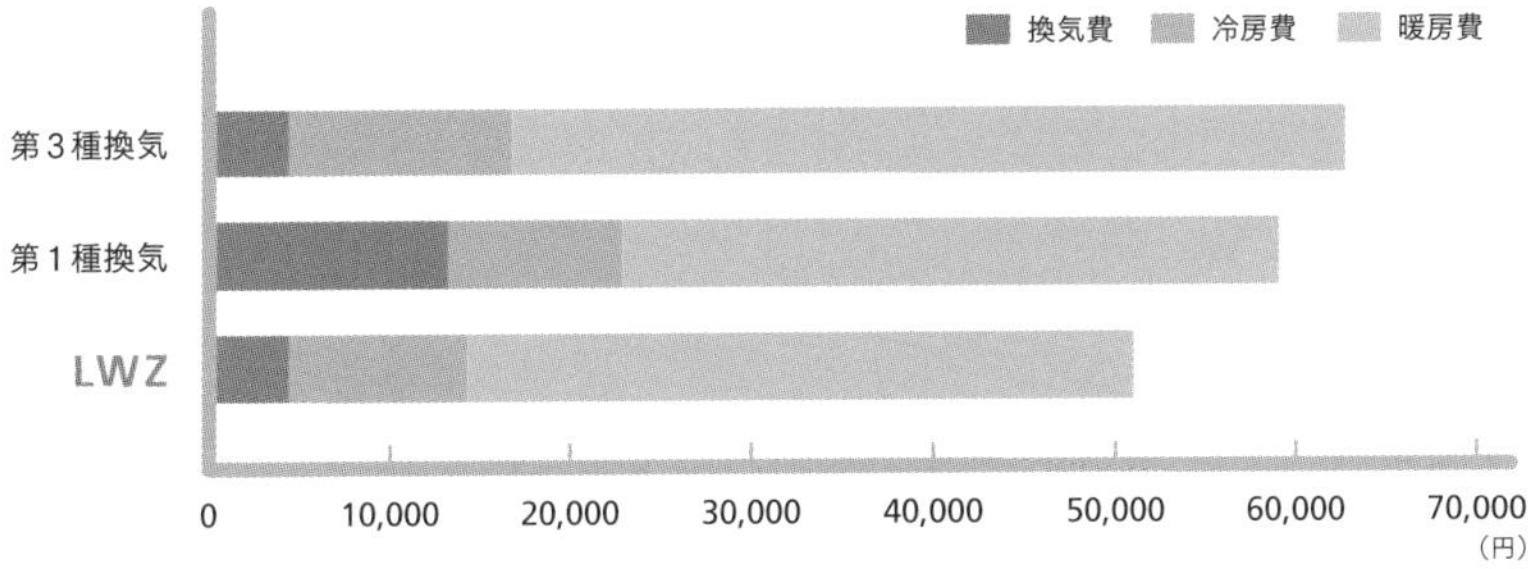

熱交換率 90％の性能だから、熱損失を抑え、冷暖房負荷を減らしてくれる。
１日当たりの「LWZ」換気コスト（電気代）は 12 円／ 24時間 ※2

※１　ランニングコストの算出基準　・住宅建築場所：東京　・延床面積：120㎡　・住宅 Q 値：1.6W/㎡K
　　・冷暖房機器：エアコン（COP3 相当）　・料金：東京電力従量電灯
※２「LWZ170 シリーズ」での１日当たりの電気代。圧損等により金 額が若干異なる

問合せ先：日本スティーベル株式会社　☎ 044-540-3203　http://www.nihonstiebel.co.jp/

住宅の性能を表す単位

高性能住宅をつくるうえで知っておきたい、断熱性能を表すU_A値、日射取得量を表すηA値、気密性能を表すC値を紹介する

外皮平均熱貫流率〔W／㎡K〕

どれくらい家の外へ熱が逃げてしまうのかを示す。数値が小さいほど断熱性能が高い

U_A値《ユーエーチ》

$$U_A値 = \frac{\text{家の外へ逃げていく熱量}}{\text{家の外に触れている面積（壁、窓、床、天井など）}}$$

平均日射熱取得率〔単位なし〕

どれくらい家の中に日射が入ってくるのかを示す。日当たりを考え、夏涼しく、冬暖かく過ごせるように適値を目指す

ηA値《イータエーチ》

$$\eta A値 = \frac{\text{家全体の日射取得量}}{\text{天井、壁、床、窓などの外皮の合計面積}}$$

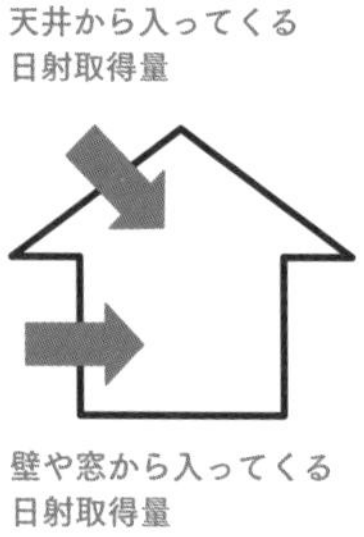

相当隙間面積〔c㎡／㎡〕

1㎡あたりどれくらい家に隙間があるのかを示す。値が低いほど、気密性能が高い

C値《シーチ》

$$C値 = \frac{\text{家全体の隙間の合計面積（c㎡）}}{\text{建物の延べ床面積（㎡）}}$$

冷暖房機器一覧表

本書で紹介した冷暖房機器と使われるエネルギーを一覧表にした。地域や家の性能、コストなどを考えて選択しよう

冷暖房機器

エアコン		空気の温度や湿度を調整し、対流によって冷やしたり温めたりする機械。壁掛けや床置き・天井埋め込みタイプなどがある。ダクトを用いてエアコンの空気を各部屋に送り込むことも可能
パネルヒーター	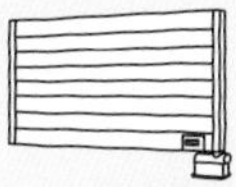	外部で温めた温水をながし、輻射によって温める機械。壁掛けや床置き、タオル掛けタイプなどがある。床下にパネルを入れて床下から温めることもできる。また、ヒートポンプで冷水を流し部屋を冷やす冷房機能を持ったものもある
温水床暖房	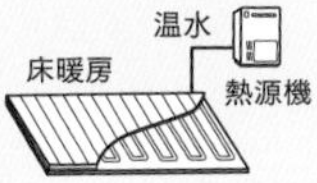	温水が流れるパイプを床下に設置し、輻射によって温める機械。リビングやダイニングなど、長居する空間の床に施されることが多い。熱源は灯油・ガス・ヒートポンプなどから選ぶことができる

熱源

電気	電熱線	電気をそのまま熱に変える仕組み。機械が壊れにくいという特徴があるが、エネルギー費・二酸化炭素の排出量など環境にも財布にも優しくはない
	ヒートポンプ	電気を使って空気中の熱エネルギーを集めて冷暖房する仕組み。エアコンはこの仕組みを使っている。環境にも財布にも優しい
ガス	燃焼	ガスを燃焼し熱に変えて得られるエネルギー。最近では熱変換率90％を超えるエネファームなどの高効率な機械もある
	化学反応	ガス中の水素を取り出し、化学反応させて電気と熱エネルギーをつくる仕組み。暖房しながら発電することができる
灯油	燃焼	灯油を燃焼させて得たエネルギーで暖房を行う仕組み。ランニングコストが安い。エコフィールという高効率な機械もある

自然エネルギー

太陽熱温水器	太陽の熱を利用してつくった温水を給湯や床暖房として使用する機械。雨や曇りなどで太陽の熱が不足するときは、補助ボイラーで加温させることができる
太陽光発電	太陽の熱から電気をつくる仕組み。発電したエネルギーをヒートポンプなどに使うことができる。環境にも財布にも優しい
太陽熱利用（空気集熱式）	太陽の熱で屋根・壁面を暖め、そこで暖まった空気を取り込み、室内を暖める機械。空気の比熱が小さいので風量が必要

出典：建築知識 2017年 7月号

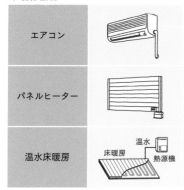

断熱材の断熱性能一覧表

熱伝導率が低いほど、断熱性能が高いことを示す。エコロジーの指標の１つである製造エネルギーは、自然系や鉱物系のものが優れている

断熱材		熱伝導率（W／㎡K）	製造エネルギー（KWh／㎡）
鉱物繊維系	高性能グラスウール 16K	0.038	100 ～ 700
	高性能グラスウール 24K	0.034	100 ～ 700
	ロックウール	0.038	100 ～ 700
プラスチック系	A種ビーズ法 ポリスチレンフォーム 特号	0.034	695
	A種押出法 ポリスチレンフォーム 3種	0.028	695
	A種押出法 ポリスチレンフォーム 住宅	0.022	695
	A種硬質ウレタンフォーム 2種3号	0.024	1,585
	A種硬質ウレタンフォーム 1種1号	0.018	1,585
	フェノールフォーム	0.020	資料なし
	フェノールフォーム 1種	0.019	資料なし
	ポリエステル（ペットボトル）	0.039	資料なし
発泡無機質系	発泡ガラス	0.04 ～ 0.06	300 ～ 1,000
	発泡炭化カルシウム	0.037	資料なし
自然系	セルロースファイバー	0.04	14
	軽量軟質木質繊維断熱材	0.045	560（※）
	炭化発泡コルク	0.045	90
	ウール	0.04	30

※バイオマスを使用する場合はより低値　出典：最高の断熱・エコハウスをつくる方法　令和の大改訂版

窓の断熱性能一覧表

窓を構成するサッシやガラスなどの仕様に対する断熱性能の高さを一覧表にまとめた。高性能住宅をつくるうえでは、2.5W/㎡K 以下のものを選びたい

建具の仕様：ガラスだけでなく、開口部の枠の仕様も考慮される。木製、樹脂製＜アルミ製の順に熱貫流率が小さく、断熱性能が高くなる

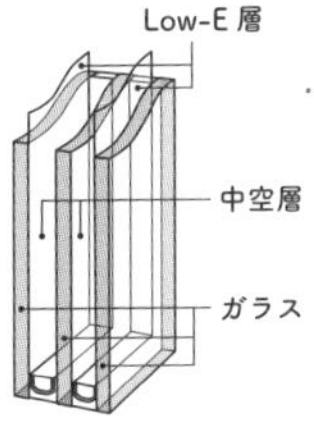

Low-Eトリプルガラス：Low-E トリプルガラスは、3枚のガラスにより2つの中空層をもち、中空層の片方または両方に Low-E 層を設けたものをいう

ガスの封入：「ガス」とは、アルゴンガスまたは熱伝導率がこれと同等以下のもの。ネオンなどは、熱伝導率がアルゴンガスより大きいため表の数値を用いることはできない

建具の仕様	ガラスの仕様	中空層の仕様		開口部の熱貫流率
		ガスの封入	中空層の厚さ	
木製建具または樹脂製建具	2枚以上のガラス表面にLow-E膜を使用したLow-Eトリプルガラス	有	7㎜～	1.60
	Low-Eトリプルガラス	有	6㎜～	1.70
		無	9㎜～	1.70
	Low-E複層ガラス	有	12㎜～	1.90
		有	8㎜～12㎜	2.33
		有	4㎜～7㎜	2.91
		無	10㎜～	2.33
		無	5㎜～10㎜	2.91
	遮熱複層ガラス／複層ガラス	有	10㎜～	2.91
		無	6㎜～10㎜	3.49
木と金属の複合材料製建具または樹脂と金属の複合材料製建具	Low-E複層ガラス	有	16㎜～	2.15
		有	8㎜～16㎜	2.33
		有	4㎜～7㎜	3.49
		無	10㎜～	2.33
		無	5㎜～10㎜	3.49
	遮熱複層ガラス／複層ガラス	無	10㎜～	3.49
		無	6㎜～10㎜	4.07
金属製熱遮断構造建具	Low-E複層ガラス	有	8㎜～	2.91
		有	4㎜～7㎜	3.49
		無	10㎜～	2.91
		無	6㎜～10㎜	3.49
	遮熱複層ガラス／複層ガラス	無	10㎜～	3.49
		無	6㎜～10㎜	4.07
金属製建具	Low-E複層ガラス	有	8㎜～	3.49
		有	4㎜～7㎜	4.07
		無	10㎜～	3.49
		無	5㎜～10㎜	4.07
	遮熱複層ガラス／複層ガラス	無	10㎜～	4.07
		無	5㎜～10㎜	4.65
	単板ガラス	—	—	6.51

※中間部にブラインドが設置されたものを含む　出典：建築知識 2017年7月号

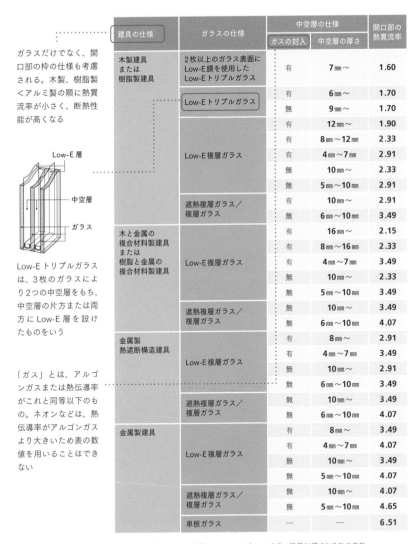

省エネルギー基準による地域区分

南北に長く、山間部も多い日本の気候に合わせて地域ごとに定めたもの。現行の省エネルギー基準では、市町村単位で「1～8」の8つの地域に分けられている

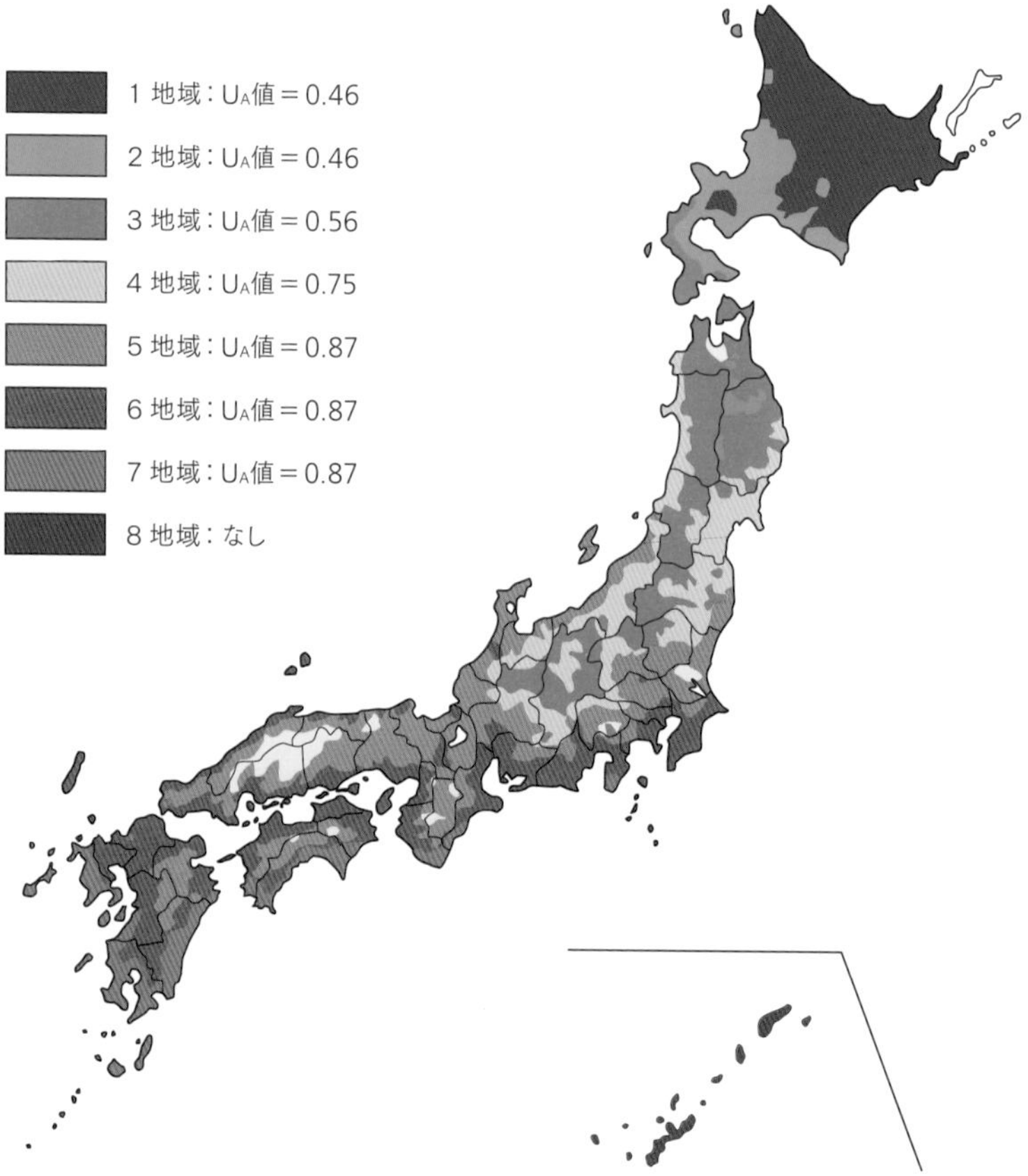

省エネルギー基準とは

断熱性能を高めて冷暖房負荷を少なくし、高効率な設備機器（給湯機・冷暖房など）を使用することで、住宅の消費エネルギーを減らすことを目的とした基準。1980年に告示されて以降、何度か改正され、最近では2016年（平成28年）に改正されている。義務化の流れであったが、2020年現在は努力目標となっている

省エネの地域区分（県庁所在地のみ）

地域区分	県庁所在地
1	なし
2	**札幌市**
3	**青森市**（浪岡町に限る）、**盛岡市**、**秋田市**（旧河辺町に限る）、**長野市**（旧豊野市、旧戸隠村、旧鬼無里村に限る）
4	**青森市**（旧青森市に限る）、**仙台市**、**秋田市**（旧秋田市、旧雄和町に限る）、**山形市**、**福島市**、**富山市**（旧大沢野町、旧大山町、旧細入村に限る）、**甲府市**（旧上九一色村に限る）、**長野市**（旧長野市、旧信州新町、旧大岡村、旧中条村に限る）、**奈良市**（旧都祁村に限る）
5	**水戸市**、**宇都宮市**、**前橋市**、**さいたま市**、**新潟市**、**富山市**（旧富山市、旧八尾市、旧婦中町、旧山田村に限る）、**福井市**（旧福井市、旧美山町に限る）、**甲府市**（旧甲府市、旧中道町に限る）、**津市**（旧美杉村に限る）、**大津市**（旧志賀町に限る）、**京都市**（旧京北町に限る）、**奈良市**（旧奈良市、旧月ヶ瀬村に限る）、**鳥取市**（旧国府町、旧河原町、旧用瀬町、旧佐治村、旧鹿野町に限る）、**松江市**（旧八雲村、旧玉湯町、旧東出雲町に限る）、**岡山市**（旧御津市、旧建部町、旧瀬戸町に限る）、**広島市**（旧湯来町に限る）、**山口市**（旧阿東町に限る）、**大分市**（旧野津原村に限る）
6	**千葉市**、**東京都23区**、**横浜市**、**金沢市**、**福井市**（旧越廼村、旧清水町に限る）、**岐阜市**、**静岡市**、**名古屋市**、**津市**（旧津市、旧久居市、旧河芸町、旧芸濃町、旧美里村、旧安濃町、旧香良洲町、旧一志町、旧白山町に限る）、**大津市**（旧大津市に限る）、**京都市**（旧京都市に限る）、**大阪市**、**神戸市**、**和歌山市**、**鳥取市**（旧鳥取市、旧福部村、旧気高町、旧青谷町に限る）、**松江市**（旧松江市、旧鹿島町、旧島根町、旧美保関町、旧穴道町、旧八条町に限る）、**岡山市**（旧岡山市、旧灘崎町に限る）、**広島市**（旧広島市に限る）、**山口市**（旧山口市、旧徳地町、旧秋穂町、旧小郡町、旧阿知須町に限る）、**徳島市**、**高松市**、**松山市**、**高知市**（旧鏡村、旧土佐山村に限る）、**福岡市**（東区、西区、早良区に限る）、**佐賀市**、**熊本市**、**大分市**（旧大分市、旧佐賀関町に限る）
7	**高知市**（旧高知市、旧春野町に限る）、**福岡市**（博多区、中央区、南区、城南区に限る）、**長崎市**、**宮崎市**、**鹿児島市**
8	**那覇市**

各地域区分のU_A値とηAC値(※)の基準値

	制度	地域区分							
		1	2	3	4	5	6	7	8
U_A値の基準値	ZEH	0.40	0.46	0.50	0.60	0.60	0.60	0.60	—
	省エネ・長期優良	0.46	0.46	0.56	0.75	0.87	0.87	0.87	—
ηAC値の基準値	ZEH・省エネ・長期優良	—	—	—	—	3.00	2.80	2.70	3.20

※冷房期のηA値（平均日射熱取得率）のこと　出典：5人の先生が教える 一生幸せなエコハウスのつくりかた

監修者プロフィール

岡田八十彦 おかだ・やそひこ

株式会社 GA HOUSE

1971年生まれ。'95年千葉工業大学卒。大学時代からリフォーム会社で経験を積み、大学卒業後、大手デベロッパーにて現場監督に勤務の後、メンテナンス業務を経て転職。2000年より外断熱・高気密のフランチャイズ本部勤務、直営店を任され営業・設計・現場管理を行い、フランチャイズ本部に戻り技術職として商品開発、工務店指導をする。'10年建材販売、設計代行、コンサルティング会社に取締役にて就任、工務店・建材メーカーのコンサルティングを行い、木造の構造についても学び、'16年、同子会社の代表として就任、'18年 GA HOUSE 設立、工務店に高断熱・気密住宅のコンサルティングをしながら設計（断熱・気密・構造）などのサポートも行っている。'20年より設計監理業務も行っている

参考文献

『エコハウスのウソ』
前真之 著、日経 BP 社刊

『自立循環型住宅への設計ガイドライン』
一般財団法人 建築環境・省エネルギー機構

『蒸暑地版　自立循環型住宅への設計ガイドライン』
一般財団法人 建築環境・省エネルギー機構

『準寒冷地版　自立循環型住宅への設計ガイドライン』
一般財団法人 建築環境・省エネルギー機構

『世界で一番やさしい建築設備』
山田浩幸 監修、エクスナレッジ刊

『図解エコハウス』
竹内昌義／森みわ 著、エクスナレッジ刊

協力会社一覧（五十音順）

SANKO

岡山県岡山市北区中山下 1-7-16 三晃ビル 4F
TEL：086-235-5333
http://www.sankohousing.co.jp/

高橋建築

埼玉県秩父郡小鹿野町下小鹿野 144
TEL：0494-75-2377
http://www.ta-k.jp/

ディテールホーム（坂井建設）

新潟県長岡市栃尾町丙 455-3
TEL：0258-52-5279
https://www.detail-home.com/

日建ホーム

千葉県我孫子市南新木 2-17-20
TEL：04-7188-5222
https://www.n-home.co.jp/

日本スティーベル

神奈川県川崎市幸区堀川町 66-2 興和川崎西口ビル 8F
TEL：044-540-3203
https://www.nihonstiebel.co.jp/

デザイン：髙谷 航
漫画：伊部直美
図版制作：堀野千恵子
編集協力：大菅 力 ／ 西郷徹也（TSAエンタープライズ）

図解でわかる!

エアコン1台で心地よい家をつくる方法

現行省エネ基準対応版

2020年6月1日　　初版第一刷発行

監修　岡田八十彦

発行者　澤井聖一

発行所　株式会社エクスナレッジ
〒106-0032　東京都港区六本木7-2-26
http://www.xknowledge.co.jp/

問合せ先　［編集］TEL：03-3403-1343　FAX：03-3403-1828
info@xknowledge.co.jp
［販売］TEL：03-3403-1321　FAX：03-3403-1829